KB175686

오노레 발자크Honoré Balzac로 태어나, 오노레 '드' 발자크Honoré de Balzac로 생을 마감한 그는 오로지 글쓰기로 자신의 모든 것을 증명했다. 『올빼미 당원』을 발표한 이래 사망할 때까지 총 90여 편이 넘는 소설을 집필했으며 익명으로 쓴 작품까지 합하면 그 수를 다 헤아릴 수 없다. 그의 삶은 "나는 나 자신의 주인인 동시에 나 자신의 하인이기도 했다"라는 고백만으로도 짐작된다. 첫 작품 『크롬웰』의 처절한 실패 이후 익명으로 통속소설을 쏟아냈고, 이후 소설보다 저널리즘이 돈이 된다고 생각하여 문학 판을 떠나기도 했다. 인쇄업, 출판업, 활자 주조업 같은 사업에도 손을 대나 실패하여 막대한 채무에 시달린다.

발자크 필생의 역작 『인간희극』은 사실주의 문학의 정수로 『골짜기의 백합』, 『고리오 영감』, 『환멸』 등 국내에도 다수의 작품이 소개되었으나, 인간 생리를 날카롭게 꿰뚫는 르포르타주에 대한 연구는 여전히 부족하다. 『공무원 생리학』과 『기자 생리학』(원제는 '기자들')은 작품 연보에도 잘 나와 있지 않은, 독자들에게는 생소한 소품이지만 발자크 특유의 풍자와 통찰, 촌철살인으로 빛나는 역작이다. 오늘날 공무원과 정치인, 기자와 평론가는 많은 이가 선망하는 직업인 동시에 사회적인 악이 될 수 있다는 양면성을 지니고 있다. 19세기에 이미 발자크는 이를 간파한 것이다.

기자 생리학

기자 생리학

Monographie de la
Presse Parisienne

오노레 드 발자크 지음
류재화 옮김

페이퍼로드
paperroad

일러두기

· 이 책은 Honoré de Balzac, *Monographie de la presse parisienne*, 1842 초판본을 우리말로 옮긴 것이다.

· 원문에서 인용은 **명조체**, 이탤릭은 **고딕체**로 옮겼다. 이때 본문에서 고딕체로 옮긴 부분은 발자크가 독자의 이목을 집중시키기 위해 강조한 부분이다.

· 모든 주는 옮긴이 주이다. 다만, 몇 개는 원서에 실린 주로 원서 주로 표시했다.

차례

위조자들에게 알림

문인협회(무인 같은)'는 작가들의 소유권을 보호하기 위해 모인 단체로, 프랑스의 많은 제도가 그렇듯 결국 목표와 결과 사이에 안티테제"가 생겨났다. 그 어느 때보다 저작권이 약탈당하고 있다. 벨기에의 브뤼셀처럼 프랑스도 이렇게 되고 말았으니, 우리는, 우리 출판인들은, 만민법의 제국하에 있으므로 다음과 같이 순진하게 선언하는 바다.

『기자 생리학』'''의 저작권은 우리에게 있다.

I   원어는 'Gendelettre'와 'Gendarme'이다. Gendelettre는 문인이라는 뜻으로 Gens(사람)과 Lettre(문자)의 조어이고, 경찰, 헌병, 치안, 더 나아가 공안, 공권력 등을 뜻하는 Gendarme는 Gens(사람)과 Arme(무기)의 조어이다. 발자크는 두 단어의 조어를 풍자적으로 비유하고 있다.

II   안티테제(antithèse)는 최초의 주장인 정립에 대립하거나 그것을 부정하며 새로운 주장이 세워진다는 것인데, 최초의 테제는 작가들의 소유권을 '보호'하기 위한 것이었는데, 그 결과는 '보호하지 못하게' 되었으니 안티테제가 되었다는 말이다.

III 1842년 첫 판본의 제목은 *Monographie de la presse parisienne*이다. 직역하면 '파리 언론 개별 연구'이다. 한국어 번역본은 기획 의도에 맞추어

법에 따라, 이 저작의 출판물은 해당 기관에 납본되었다. 저작물은 복제가 금지되어 있으므로 필요한 경우 저자의 이름이 있어야만 출판될 수 있다.

우리는 빅토르 위고가, 그 특유의 능변으로, 너무나 아름다운 사상 하나를, 표현을 바꿔가며 길게 설명한 것을 들은 적이 있는데[IV], 그것을 감히 여기 옮겨 볼까 한다.

　프랑스는 얼굴이 두 개이다. 전쟁 시에는 탁월

'공무원 생리학'과 연계해 '기자 생리학'이라 제목을 바꾸었고, 번역은 초판본으로 했다. 'monographie'는 어떤 주제나 인물에 대해 집요하게 탐색하고 연구하여 얻어낸 결과물을 뜻하는 말로 '개별 연구' 또는 '단독 연구'로 옮길 수 있다. 특히 공저 아닌 단독 저서를 가리킬 때 쓰인다. 발자크 개별 연구물의 저작권이 침해당해서는 안 된다는 것을 이런 제목을 통해 풍자하듯 강조하는지도 모른다.

IV　프랑스 문학사에서 빅토르 위고가 낭만주의의 대가라면, 발자크는 사실주의 및 자연주의 작가들의 선배 격이다. 가령 대표적인 자연주의 작가 에밀 졸라를 풍자하는 19세기 그림들을 보면, 에밀 졸라는 빅토르 위고의 동상에 밧줄을 매달아 아래로 끌어내리는 반면, 발자크의 조각상 앞에서는 거수경례를 하고 있다. 이 작품에서는 발자크가 일부러 쉼표를 많이 써서 빅토르 위고 특유의 낭만주의풍의 문체를 흉내 내고 있기에, 그 느낌을 그대로 살려 번역한다.

한 군사력을 자랑하다가 평화 시에는 사상 역시 그만큼 강하다. 펜과 칼은 프랑스가 총애하는 무기이다. 프랑스는 발명가다. 정신과 지성을 갖춘 나라이기 때문이다. 프랑스는 예술가다. 예술은 문자를 보완하기 때문이다. 프랑스는 상업과 제조업, 농업에도 탁월하다. 국가라면 누에가 고치를 치듯 상품을 생산할 줄 알아야 하는 법이기 때문이다. 이제 세 가지 업종은 경쟁자가 생겼지만, 아직은 프랑스가 우위에 있다. 프랑스 군대는 15년 동안 세계를 상대로 싸웠고, 이들의 사상은 세계로 하여금 도덕적 정부가 무엇인지 일깨워 주었다ⱽ.

영국인은 부득이하게 자기 자신에 대해 말하

ⱽ   여기서 15년은 나폴레옹 집권기를 의미한다. 19세기 프랑스 역사는 프랑스 혁명의 유산을 계승하기 위한 다툼으로 점철되었다. 역사가들은 혁명기를 크게 프랑스 혁명기(1789~1799)와 나폴레옹 집권기(1799~1815)로 구분한다. '앙시앵레짐'(구체제, 즉 왕-사제-귀족 세 가지 신분의 특권으로 운영되던 국가 정치 및 경영 체제)의 봉건적 질곡으로부터 해방되기를 염원한 농민과 제3신분 부르주아들이 나폴레옹의 주요한 지지 기반이었다. 이 뜨거운 고밀도의 결정체 나폴레옹이 일으킨 혁명전쟁은 정복 전쟁 및 강력한 보호무역 정책을 통해 내셔널리즘을 파생하며 서구 열강의 각축전이라는 또 하나의 폭력 시대를 예고한 측면도 있다.

는 사람을 보면 이런 재미난 속담으로 그 사람에 대해 말한다. "그 양반 나팔수가 죽었나 보군."[VI]

그동안 빅토르 위고는 프랑스를 대변해왔다. 그런데 현 정부가 작가들에게 얼마나 무심하면, 다른 유럽 사람들이 해야 할 말을 우리의 위대한 시인께서 직접 하시겠는가!

만일 프랑스의 깃털 펜이 그 정도로 힘이 있다면, 문인협회를 분석하는 묘사를 내놓아야 하지 않겠는가?

문인협회에는 크게 **논객 종**種과 **비평가 종**種[VII]이

VI   나팔수처럼 알려 주거나 떠들어 대는 사람이 없으니 자기가 직접 나서서 스스로에 대해 말한다는 뜻으로, 빅토르 위고 같은 프랑스 작가가 스스로 프랑스에 대해 이런저런 칭찬을 한다는 의미인 동시에 은근히 빅토르 위고를 비웃는 발자크의 함의가 느껴지는 문장이다.

VII 원문은 'Genre publiciste', 'Genre critique'이다. 발자크가 바로 뒤이어 동물학을 언급하지만, '장르'(genre)라는 말은 동식물의 종(種)을 뜻하는 말로, 사회생활을 하는 사람을 동물의 종을 분류하듯 나눠보겠다는 의도에서 이런 용어를 썼을 것이다. '퍼블리시스트'(Publiciste)를 '기자'(Journaliste)로 옮기지 않은 것은, '기자'가 'Publiciste'의 하위 항목에 따로 분류되어 있기 때문이다. 또한 'Publiciste'는 우리말의 그 어떤 한 단어로 한정해 번역할 수 없는 까다로운 단어이다. 시대와 문화에 따라 여러 이질적 의미로 쓰였기 때문이다. 원래는 저작이나 전문 서적을 내어 공적인 정보와 여론을 만

있다. 그리고 그 아래 다른 하위 종과 몇몇 품종이 있다. 파리의 언론 및 출판은 너무나 큰 힘을 갖게 되어 이제는 추락할 법도 한데, 정부의 과오 탓인지 결코 추락할 기미를 보이지 않는다.

명제

한 민족을 죽이듯 언론도 죽일 수 있을 것이다.
바로, 자유를 줌으로써.

우리는 동물학이 환형동물, 연체동물, 내생동물 등에 관한 개별 연구를 통해 이루어져 왔다는 사실에 주목했다. 이들과는 또 다른 종種과 유형을 연

들어내는 문필가 집단을 두루 지칭했으나 서서히 기자, 특히 정치적 담론을 만들어 내는 자를 가리키는 말로 쓰였다(발자크가 주로 다루는 것은 이 맥락이다). 더 나아가 선전과 선동을 일삼는 자, 대중의 읽을거리를 만들어 내는 자, 홍보 문구를 만드는 광고업자 등의 의미로도 쓰였다. 현재는 대부분 광고업자를 뜻하는 말로 쓰이는데, 이를 고려하면 발자크가 이 단어를 통해 기자가 결국 광고업자 같다는 전조적 풍자를 이미 한 셈이다. 다만, 이 번역본에서는 앞으로 서술할 하위 종들의 의미를 모두 포함하는 표제어로 놓기 위해 '논객'이라 옮겼다.

구함으로써 호기심을 자극하는 정신적 종'[VIII]'을 알게 되었다. 덕분에 이 '두 손 달린 동물 사회의 자연사'[IX]를 내놓을 수 있게 되었다. 일종의 자연사이자 사회사라 할 이번 연구물에는 생생한 삽화가 실려 있는데 도판 차원에서도 매우 탁월하므로, 외국인이 보아도 아주 재미있게 읽을 수 있을 거라 기대한다.

일반적 특징 두 종의 주요한 특징은 어떤 일반적 특징도 지니고 있지 않다는 것이다. 가령, 이 집단의 하위 부류에 있는 '직에 연연하는 자'[X]에 속하는 이들에게는 어떤 특징을 조금이라도 엿볼 수 있을 것 같지만, 최소한의 외양도 없다. 이들은 본질적

VIII   Espèces Morales: 원문은 이탤릭체는 아니지만, 앞 철자를 대문자로 써서 비유적이고 풍자적인 의도로 이 단어를 썼음을 암시하고 있다. '모랄'은 도덕적인 것만을 의미하는 것이 아니라 '정신적인' 것, 더 나아가 위선적인 혹은 위악적인 심리, 심성, 태도 등을 뜻하는 매우 다중적인 의미가 있다.

IX   '두 손 달린 동물'은 인간을 뜻하는 비유적 표현이다. '기자 생리학' 역시 '공무원 생리학'처럼 인간 또는 직업적 인간을 동물 및 식물을 분류하듯 과학 논문 형식으로 풍자하고 있다.

X   원어는 'Publiciste à portefeuille'이다. 'portefeuille'는 원래 지갑이라는 뜻이지만, 벼슬, 직 등을 뜻하는 말로 발전했다. 발자크가 이 용어를 이중적으로 풍자하는 의미로 썼다는 건 충분히 짐작할 수 있다.

으로 프랑스의 정치적 조건에 들어맞지 않기 때문이다. 프랑스의 정치적 조건이란 다름 아닌 '어떠한 정의도 할 수 없음'이다. 계속되는 '난센스'로 프랑스 정치는 이상한 철학처럼 여겨졌다. 기자 가운데 늘 똑같은 사설만 쓰는—다른 것을 찾을 수 없어서—자들이 있는데, 적어도 이들한테는 어떤 특징이 있다고 말할 수 있다. 그렇다. 위험할 정도의 광기는 아니지만, 이들은 분명 편집증 환자다. 아무튼 **'쉽게 믿는 구독자'**^{XI}의 정신을 마비되게 하거나 **'강성 구독자'**^{XII}를 즐겁게 한다. 만일 다른 나라 사람이 이런 게 왜 결점이냐고 깜짝 놀라면, 이 나라의 국가정신은 인간이나 기관에 아주 큰 유동성을 요구한다는 사실을 알려줄 필요가 있다. 프랑스 대중은 신념에 가득 차 있는 자를 매우 지루하게 여기고, 자

XI abonné-confiant: 'abonné'(구독자)라는 말에 이미 비판적 어조가 들어가 있다. 구독한다는 것은 그것만 소비하겠다는 열성 신자의 느낌이 있어 쉽게 잘 믿거나 추종한다는 의미의 형용사 'confiant'을 줄표로 결합해 쓰고 있다.

XII abonné-esprit fort: 'esprit fort'(말 그대로 강성, 剛性)인 자들이다. 정신력이 강해 쉽게 무너지지 않으면서 정치적 편향성에 갇힌 자들을 암시한다.

꾸 옮겨 다니는 자는 특징이 없다며 비난한다. 이런 딜레마 때문에 두 집단은 언제나 심한 비판을 받아 왔다.

가령, 영악한 작가 한 명이 이 신문 저 신문 옮겨 다니며 글을 쓴다고 치자. 왕당파였다가 여당 쪽이었다가 자유주의자였다가 다시 여당 쪽 지지자가 되어 모든 신문에 암암리에 글을 쓰면 사람들은 이렇게 말할 것이다. "일관성이 없는 자로군!" 또 어떤 작가가 자유주의자였다가 인도주의자였다가 야당파였다가, 그런데도 글의 주제가 늘 똑같다면, 사람들은 이렇게 말한다. "지겨운 사람이군!" 그러니 가장 영악한 자는 **'공염불하는 자'**[XIII] 아니면 **'하나만 우려먹는 자'**[XIV]일 것이다. 해독 불가능하게 씀으로써

XIII Rienologue: 'Rien'(아무것도 아님, 無)이라는 단어에서 파생한 것으로 자주 쓰지 않는 표현이다. 프랑스 사전에 따르면 실체적인 것을 도맡아 수행하되, 생기가 없는 것 또는 그런 자를 가리킨다. 뒤에서 자세히 서술하겠지만 발자크가 의도하는 풍자적 의미를 살려 '공염불하는 자' 정도로 옮긴다.

XIV Ecrivain monobible: 'Ecrivain'(작가)과 'Monobible'(단 하나의 성서)을 합해 만든 말로, 늘 똑같은 것만 쓰는 자, 또는 단 한 권의 저서를 계속 우려먹는 자를 비꼬는 표현이다.

이 딜레마의 위험을 피하면 되는 것이다(나중에 보겠지만, 정부 역시 이런 식으로 피해 간다).

이 집단에 속하는 자들은 석판화나 석고상, 조각상, 아니 장식 가발의 도움을 얻어 아무리 지적으로 포장해도 신체적으로 뒤떨어진데다 아름다움이 턱없이 결여되어 있다. 대다수의 18세기 작가들이 살롱에 출입하면서 관계를 터야 했던 것에 비하면 이들은 예의범절도 부족하다. 주의 주장이 많다 보니 주로 혼자 지내거나 고립된다. 인간관계가 안 좋았는지 사람도 잘 사귀지 않는다. 그런데 이렇게 고독하게 생활해도 다른 동료들의 지위나 재능, 행운, 장점에 대한 시샘은 여전하다. 이들이 평등에 맹렬히 집착하는 것도 불평등으로 인해 모욕을 당하거나 상처받은 경험 때문일 수도 있다.

첫 번째 종

논객

옛날에는 '**논객**'Publiciste이라는 명칭을 그로티우스, 푸펜도르프, 보댕, 몽테스키외, 블랙스톤, 벤담, 마블리, 사바리, 스미스, 루소[1] 같은 위대한 작가에게 부여했지만, 지금은 **정치**나 하는 엉터리 삼류작가에게 부여하고 있다. 과거에는 숭고한 보편적 원리를 제시하는 자나 예언자, 사상적 지도자를 논객이라 했는데, 지금은 강물에 떠다니는 작은 막대기처럼 시류에 따라 이리저리 움직이느라 바쁜 사내를 논객이라 한다. 만약 정치라는 피부에 종기라도 나면, 이 논객은 그 부분을 자꾸 긁어서 피가 나게 만든다. 그 다음에는 무얼 하는가 하면, 바로 책 한 권을 써내는 것이다. 사실 이는 집단 기만에 가까운

---

[1] 그로티우스는 네덜란드의 법학자이다. 푸펜도르프는 독일의 법학자이자 역사가이며 정치가이다. 보댕은 프랑스의 법학자이자 경제학자이며 몽테스키외는 보르도의 고등법원장을 지낸 프랑스의 법률가이자 『법의 정신』을 쓴 저자이다. 블랙스톤은 영국의 법학자이자 정치가이다. 벤담은 영국의 철학자이자 경제학자이며, 마블리는 프랑스의 철학자이고, 사바리는 프랑스의 장군이며 법무부 장관이다. 스미스는 영국의 정치경제학자이며, 루소는 스위스 제네바 태생의 18세기 프랑스 계몽주의자이며 프랑스 혁명 이후 제정한 헌법 및 인권 선언의 기초 개념에 많은 영향을 준 『사회계약론』의 저자이다.

것이다. 예전에는 논객의 평론이 하나의 구심점 있는 큰 거울 같았다면, 오늘날에는 이 거울을 산산조각 내 그 가운데 조각만으로 이것이 전체인 양 대중의 눈을 현혹하고 있다. 그렇다면 이제부터 서로 다른 조각들을 하나씩 살펴보자.

1
신문 기자

제1품종

편집국장-편집주간-주필-사주

이 멋진 종은 언론계의 튀피에르 후작"이다. 다른

I 발자크는 서두에서 밝힌 것처럼 동물이나 식물의 분류법처럼 직종을 성격별로 체계적으로 분류하고 있으므로 풍자적 의미의 종(種), 품종(品種) 용어를 그대로 살려 옮겼다.

II 필리프 네리코 테투슈(Philippe Néricault Destouches, 1680~1754)라는 프랑스

이들은 글을 너무 많이 써서 논객인데, 이 자는 아무것도 쓰지 않은 논객으로 직함 네 개, 즉 얼굴 네 개를 지녔다. 이 가운데 하나를 소유주, 상인, 투자가에게 제공하며 이들로부터 뭔가를 얻어낸다. 그 무엇도 본인 소유가 아니지만, 모든 게 자기 것인 양한다. 이 야심 많은 자를 거물이 될 수 있도록 도와주는 것은 사실상 편집부 기자들이다. 영광스러운 문지기, 투기의 나팔수, 유권자의 코르크 마개부표 정도로 머물러도 좋으련만 이런 감각이 무디어져 갈 때면 지사나 국정 자문 위원, 아니면 어떤 기관의 장급, 아니면 극장주라도 되길 원하며, 때로는 정말 되기도 한다. 이 자는 마음만 먹으면 기사를 빼버리거나 원고를 인쇄기 조판 대에 걸어놓고 상대를 목이 빠져라 기다리게 할 수 있다. 책 한 권을 기꺼이 밀어주기도 하고, 사람이나 사업도 밀어줄 수 있다. 아니면 상황에 따라 책도, 사람도, 사업도 다 망칠 수 있다. 쥐들 가운데 특히 큰 쥐인 이

작가의 연극 작품에 나오는 주인공으로, 자존심 강한 귀족이다.

자는 자신을 신문의 혼魂이라 자부하니 정부 내각
도 필요하면 그를 만나야 한다. 그가 중요한 인물이
라면 바로 이런 점이다. 편집국 기자들과 수다를 떨
다 아이디어가 하나 떠오르면 무슨 대단한 관점이
있는 양 심각한 표정을 짓고 무슨 대단한 사람인 양
각을 잡는다. 이른바 힘이 있거나 교활하다고 요약
할 수 있는 자들은 보통 옆에 무희나 배우, 여가수
를 끼고 있거나, 간혹 본부인을 끼고 있는데, 이 여
자들이야말로 신문을 움직이는 비밀 병기이다.

명제

모든 대중 간행물에는 중요한 열쇠가 하나 있는데,

바로 여성의 페티코트 치마 속이다.

옛 군주제 사회처럼.

 편집국장이라는 단어에 적격인 사람이 딱 한
명 있다(그런데 죽었다). 그는 현자이자 대단한 정신
의 소유자였다. 그 역시 결코, 아무것도 쓰지 않았
다. 대신, 매일 아침 기자들이 기사의 방향을 잡기

위해 그의 집으로 찾아왔다. 그러나 이 인물은 야망이 없었다. 의원도 만들고, 장관도 만들고, 아카데미 회원도 만들고, 교수도 만들고, 대사도 만들고, 아니 왕조 하나도 만드는데 정작 본인은 되고 싶은게 하나도 없다니. 그는 왕의 방문도 거부했고, 레지옹 도뇌르 십자가 훈장도 거부했다. 그는 노인이었지만 열정적이었고, 언론인이었지만 **속으로는** 자기 신문의 견해에 동조하지 않았다. 오늘날 모든 신문이, 아니 사주와 편집국장들이 다 나와도 이 두뇌를 감당하지 못한다.

신문사의 편집국장이나 주필, 사장이나 사주가 되기 위해서는 10만 프랑의 자본금과 공탁금만으로는 충분하지 않다. 거의 난폭할 정도의 의지와 일종의 연극적 재능이 있어야 함은 물론, 상황까지 따라줘야 한다. 아무리 탁월한 사람이어도 이런 재능까지 겸비하기는 쉽지 않다. 파리에는 이미 힘을 소진한 채, 겨우 버티면서 살아가는 사람들을 심심찮게 볼 수 있다. 증권거래소에 가면 한때 백만장자였던 이들이 여전히 나와 있고, 신문사에 가도 불행

한 에르난 코르테스[III] 같은 자들이 여전히 나와 있다. 도전과 실패는 함께 가는 운명인지, 파리의 대로를 걸어 다니는 사람들을 유심히 관찰하다 보면 이들 얼굴에 쓰인 슬픈 가면이 보이기 마련이다. 1830년부터 공공연한 야심을 부리다가 거의 천만 프랑 이상 탕진하고 사라진 신문사만 적어도 50개가 넘는다. 이미 사라진 신문사가 여럿인데, 그보다는 잘할 수 있다고 생각해서인지 지금도 신문사를 속속 창간하고 있다. 사실 기존의 신문사보다 어느 모로 보나 실력이 없는데도 말이다. 한때 어느 신문사 전前 국장이자 주필이며 사장이었던 자가 이젠 사람도 물건도 아닌, 그저 야망에 가득 찬 신생아한테까지 무시당하는 그림자 신세가 된 것이다.

III   에르난 코르테스(Hernán Cortés, 1485~1547): 가난한 귀족의 아들로 당시 대다수의 청년처럼 젊은 나이에 행운을 거머쥐고자 고국 스페인을 떠나 신세계로 가는 배를 탄다. 지금의 멕시코 일대에 해당하는 아스테카 제국의 몬테수마 황제를 폐위시키고 이 땅을 정복하여 총독까지 된다. 하지만 무모한 권력 남용과 다른 지휘관에 대한 불복종으로 수많은 정적을 만든다. 나중에 스페인 본국으로 송환된다. 카를로스 1세(신성로마제국의 카를 5세)에게도 인정받지 못하자 실의에 빠졌고 말년에는 여러 소송과 채무에 시달리다 흉막염으로 사망한다.

신문사에는 야망가형, 사업가형, 순마巡馬형 이렇게 세 가지 유형의 사장-주필-편집국장이 있다.

야망가형은 본인과 관련된 정치 체제를 옹호하고 정당의 승리를 위해 신문사를 경영한다. 그러니까 자신을 절대 무시할 수 없는 존재로 만들면서 서서히 정치인이 되기 위해 신문사를 경영하는 것이다. 사업가형은 신문을 자본 투자를 위한 곳으로 보고 영향력 또는 쾌락, 또는 가끔 돈이라는 이득을 챙긴다. 순마형은 신문사 경영이 하나의 직업적 소명인 사람이다. 언론의 지배력을 잘 알면서 여러 지성을 활용하여 경영한다. 여기서 특히 기쁨을 느끼지만, 신문사의 이윤도 절대 포기하지 않는다. 전자인 두 유형에게는 신문이 수단에 불과하지만, 마지막 후자인 이 순수 언론인에게는 신문사가 전 재산이자, 집이며, 기쁨이자 제국이다. 전자는 유명인이 되지만, 후자는 그저 언론인으로 살다 죽는다.

신문사의 국장-주필-사주는 탐욕적이고 판에 박힌 자들이다. 그들이 만드는 신문은 본인들이 공격하는 정부와 이상하게 닮아 개혁을 두려워한다.

정작 필요한 곳에 돈을 쓸 줄 모르거나 **계몽적 진보**
와 조화를 이루지 못해 소멸하고 만다.

명제

어떤 종류의 구독자가 되었건,

구독자가 늘지 않는 신문은 망한다.

신문은 수명이 길고자 한다면, 재능 있는 사람
들이 모여야 한다. 단 한 사람의 재능에만 의지하는
신문에 불행 있을지어다!

대개, 편집국장은 재능 있는 사람이 필요하면
서도 이들을 질투한다. 결국 그의 주변에는 아첨하
거나 신문을 대수롭지 않게 여기는 별 볼 일 없는
사람들만 남는다. 파리 최고의 신문이 항상 이런 식
으로 망하는 것이다.

제2품종

테너 가수

사람들은 파리 신문 1면에 실리는 사설을 '타르틴'[IV]이라 부르는데, 매일같이 타르틴을 먹지 않으면 안 되는 것처럼 매일같이 사설을 읽지 않으면 지성의 살이 쭉쭉 빠지는 것 같기 때문이다. 따라서 파리 사설을 쓰는 주필은 이 신문의 '테너'[V]이다. 오페라의 주요 매상을 책임지는 테너 가수처럼 관객의 가슴을 뛰게 해 구독할 수밖에 없게 만드는 게 본인이라고 믿기 때문이다. 자신이야말로 음계의 '도'라고 믿지만, 이 직업도 정신이 똑바로 박혀 있

IV   흔히 프랑스인들이 아침에 일어나자마자 진한 커피에 곁들여 먹는 바게트 조각으로, 갓구운 빵이라기보다 전날 먹고 남은 바게트 조각 일부에 버터나 잼을 발라 먹는다. 맛이 있다기보다 습관이 되어버린 맛을 비유한다.

V   라틴어 '테노레'(tenore), 즉 '지속하다'라는 뜻에서 유래한 '테너'는 남성 가수 음역 중 가장 높은 음역이다. 성악이나 기악에서 가장 기본인 동시에 중심이 되는 음역인데, 이를 중심으로 다른 음역대가 정해진다. 오페라에서 테너를 맡은 주인공은 대체로 열정적이고 혈기가 넘치거나 때론 경박한 인물이라고 한다.

기 쉽지 않고, 결국 한심한 꼴이 되고 만다. 왜 그런가 보자.

파리 사설에는 어감의 차이를 제외하면, 틀이 두 가지밖에 없다. 야당 편, 여당 편. 세 번째가 있긴 한데, 이건 나중에 이 틀이 왜, 그리고 어떻게 거의 사용되지 않는지 보기로 한다. 야당 편 신문의 주필은 정부가 무슨 일을 하든지 어디 흠잡거나 비난할 게 없나, 꾸짖거나 잔소리할 게 없나 찾기 급급하다. 반면, 여당 편 신문의 주필은 정부를 방어하기 급급하다. 전자는 항상 부정문이고, 후자는 항상 긍정문이다. 당마다 특유의 문체가 있지만, 미묘한 농담濃淡을 두어 약간의 색을 조정하는 정도다. 각 당에는 제3의 입장도 있기 때문이다. 어느 쪽 편을 들건, 몇 년을 그렇게 쓰다 보면, 사설 담당자의 머리에는 못이 박혀 사물을 매번 같은 방식으로 보고 엇비슷한 문장만 쓰면서 평생을 살아간다.

이 기계에 한 번 들어가 휘말리면, 우수한 사람은 용케 빠져나올 수 있지만, 못 나오고 머물러 있으면 결국 시시한 사람이 되는 것이다. 아니면 파리 사설을 쓰는 자들은 원래 별 볼 일 없는 자로 태어났는데, 아무런 생산력 없는 지겹고 메마른 일을 지속하다 보니 더 시시한 사람이 되었다고 해도 틀린 말은 아니다. 이런 일을 계속하다 보면 자기 생각을 표현하는 데 바쁜 게 아니라 대다수 구독자의 생각을 도식화해 표현하는 데 더 바쁘다. 대다수 대중이 어떤 계급인지는 말하지 않아도 알 것이다.

타르틴을 만드는 자는 중국의 그림자놀이처럼 하얀 화폭 위에 구독자의 생각을 비추는 일을 한다. 각 신문사의 테너 가수는 구독자와 이런 재미난 놀이를 할 뿐이다. 어떤 사건이 생기면 구독자에게는 일종의 견해가 형성되는데, 이렇게 말하며 잠들곤 한다. "내일 **신문**을 보면 뭐라고 하는지 알겠지." 파리 사설은 구독자의 생각을 끊임없이 예측해야만 살아남는다. 이튿날 구독자의 생각을 갓구운 빵처럼 내놓아야 한다. 구독자들은 **연애운 카드놀이** 같은 것을 하느라 석 달마다 12프랑 내지 15프랑을 낸다.

이들이 쓰는 글이란 대중을 긁어모으기 위해

사건을 물에다 집어넣고 녹여 만들어낸 것이다 보니 끔찍하기 짝이 없다. 대중은 이런 줄도 모르고 그저 읽어댈 뿐이다. 예전에 장-자크 루소나 보쉬에[VI], 또는 몽테스키외가 한 것처럼 풍부한 감각과 의미에다 이성과 합리, 에너지와 색감 넘치는 문장을 1년에 600문단이나 써낼 수 있겠는가? 또한 지금의 파리 사설에는 상투적인 연설 투 같은 관습에 찌든 미사여구만 있을 뿐이다. 감히 아무도 사실을 있는 그대로 말하려 하지 않는다. 야당지도 여당지도 이야기를 있는 그대로 쓰지 않는다. 언론의 자유를 말하지만, 프랑스도 다른 나라도 대중의 상상만큼 언론이 자유롭지 않다. 말하기 불가능한 사실도 있고, 말은 하되 수위를 조절해야 하는 경우도 있다. 블레즈 파스칼이 그렇게 상처를 낸 예수회도 지금의 파리 언론보다는 덜 위선적이었다[VII]. 더욱이

VI   17세기 프랑스의 신학자이자 설교가로 루이 14세가 왕자였을 때 선생이
     었다.

VII   수학자이자 『팡세』의 저자인 블레즈 파스칼은 이른바 '장세니스트'로
      1643년부터 1668년까지 프랑스에서 약 30년간에 걸쳐 일어난 대사상논

부끄럽게도 언론은 약한 자들과 소외된 자들에 대해서만 자유롭다.

사설을 쓰는 작가들을 죽이는 것은 바로 그의 익명성이다. 파리 신문의 사설에는 서명이 없다. 이 테너 가수는 신문의 중세 **용병대장**이다. 우리는 이미 연립정부 시절 파리 신문 다섯 개가 쏟아내는 화포들을 진두지휘한 티에르ᵛᶦᶦᶦ를 보았다.

쟁의 중심에 서기도 했다. 당시 예수회는 정치계, 종교계, 학계를 모두 장악한 일종의 기득권 세력으로, 네덜란드 수도사 얀센(장세니즘은 이 수도사의 이름에서 유래했다)의 새로운 신학론에 감화받은 사람들 가운데는 생시랑이 있었고, 그의 포교로 프랑스에도 장세니즘이 유입되었다. 당시 예수회는 은총과 구원이라는 목적으로 수행을 강조했지만, 장세니즘은 신앙을 위한 일체의 목적의식 자체를 불순한 것으로 보았다. 소르본 대학의 신학자였던 앙투안 아르노는 당시 지나치게 많은 영성체 종교 행사가 이뤄지고 있음을 조목조목 비판하는 저서를 출간하였고, 이 책의 파문으로 장세니즘은 대사상 논쟁으로 비화한다. 그는 결국 소르본 대학에서 쫓겨나고, 아르노의 친구였던 블레즈 파스칼은 그를 옹호하기 위해 가명을 써서 『시골 신부에게 보내는 편지』를 출간한다. 파스칼은 그 특유의 뛰어난 언변으로 예수회파의 '결의론'을 공격하는데, 한마디로 제멋대로 자신들의 이익과 구미에 따라 성서적 진리를 쉽고 가볍게 요리하는 것을 격렬히 비판한 것이다. 여기서 파리 언론의 사설들이 마치 예수회파처럼 사건을 제 구미대로 요리하는 점을 발자크가 은근히 빗대는 것일 수 있다.

ᵛᶦᶦᶦ 마리 조제프 루이 아돌프 티에르(Marie Joseph Louis Adolphe Thiers, 1797~1877): 프랑스 제3공화국 제2대 대통령을 지낸 인물로 언론인이자 지

38

파리 사설은 의기양양한 태도로 유럽 전체를 향해 말하고 있다고 믿는다. 또 유럽 전체가 다 자신들의 이야기를 듣고 있다고 생각한다. 이 테너 가운데 하나가 죽으면 모든 신문이 울어대지만, 아무도 그 저명한 저자의 이름을 모른다.

천재적인 논설위원이란 한 가지 사실이 함축하고 있는 여러 면을 다 볼 수 있는 자이다. 사건이 미칠 범위와 영향력을 파악하고, 그 원인에 따라 사건을 예측하고, 국가의 정치적 이익에 따라 결론을 낼 수 있느냐 아니냐를 결정한다. 제3의 입장을 가진 작가라면 이런 파리 사설을 집어 던지겠지만, 신문 구독자들은 다름 아닌 그를 집어던질 수 있다. 신문이 피트나 몽테스키외 풍이 되면, 이제 덜 성공

식인으로 10권에 달하는 『프랑스혁명사』를 쓰기도 했다. 발자크 소설 『고리오 영감』의 주인공 라스티냐크의 모델이 된 인물이기도 하다. 『콩스티튀시오넬』이라는 신문사에서 처음 기자 일을 시작한 이래 이후 수많은 언론에 글을 썼다. 그의 기사는 명쾌하고 간결하며 통렬해 여러 논쟁을 불러일으켰고 그 어떤 주제든 쉽게 쓰는 탁월한 능력이 있었다. 1830년, 『르 나시오날』을 발행하여 7월 혁명을 이끄는 중추적 역할을 한다. 당시 공화주의자 젊은이들이 많이 본 이 신문은 급진 좌파이기보다는 중도적 온건 좌파이다. 정치적으로는 우파와 좌파를 이리저리 오간 인물이다.

한다(이에 대해서는 「공염불하는 자」를 보라). 이런 신문은 사건을 알면 됐지, 그 외에 신문이 필요한 이유를 굳이 찾지 못하는 자들에게는 안성맞춤이다. 가장 많은 구독자를 가진 신문이란 대중 정서에 가장 영합한 신문이다. 그 결론이야 뻔하지만!

사실 별거 아닌 걸 쓰면서도 파리 사설을 쓰는 작가는 상당히 교만하다. 이들은 스스로 필요한 존재라고 믿고 있다! 본인이 그렇다면야 뭐……. 금융 세력과 이런저런 관계를 맺는 검은 언론 기업이라면 그가 필요한 존재일 수도 있다. 물론 사설이 원하는 대로 되는 건 아니다. 신문도 **예수회파**처럼 할 필요는 있다. 그러니까 재판관은 분명하고 명확한 문장에 대해서는 선고를 내리고 완곡한 표현에 대해서는 죄를 사해줄 수 있다. 재판관은 당신이 목발을 짚고 자신의 생각을 말하면 그건 합법적이라고 할 테지만, 똑바로 걸어가면 질서를 파괴하는 거라고 할 것이다.

만일 "대귀족 의원의 명예가 실추되었다!"라고 쓰면 1만 프랑의 벌금을 내야 한다. 사주는 두

달간 감옥에 가 있어야 한다.

그러나 의회의 행위를 격렬히 비판한 후 이렇게 덧붙인다고 해보자.

사실, 우리는 새로운 왕조 주변의 기관들과 너무 친한 친구이다. 그러나 이런 길을 계속해서 가게 된다면, 불신과 불명예의 길을 갈 수밖에 없다고 말하지 않을 수 없다.

이에 대해 검찰, 의회, 왕실 당국은 한마디도 하지 못한다.

농담조로 창작자들이 파리의 주요 신문들을 위해 미리 글을 다 써놓는다는 말을 자주 한다. 풍랑이 멎었는지 고요하고 잔잔한 정치 바다에 아우크스부르크[IX] 발 끔찍한 소식이 당도한다(뉘른베르크가 아이들을 위한 장난감 공장이라면, 아우크스부르크는 언론을 위한 장난감이다).

IX   신문 「라 가제트 아우크스부르크」를 가리킨다. ─ 원서 주

갈루초(브라질)에 윌고트 경이 방문했을 때, 영국 대사관은 만찬을 베풀었다. 이 자리에 모든 외교계 인사가 참석했는데, 프랑스 영사만 없었다. 현 상황에서 이런 깜박 잊음에는 모종의 의미가 있는 것으로 보인다.

당장에 공화파 신문이 이 틈새시장에 먼저 뛰어들었다. 그래서 다음과 같은 사설이 실렸다.

만일 아첨과 부패가 이 나라 정치 체제를 지배하는 유일한 원동력이 아니라 해도, 만일 그 유일한 목적이 외국인이 보는 앞에서 프랑스의 품격을 영영 훼손하려 한 것이 아니라 해도, 어떻게 이렇게 비겁하고 소심하며 수치스러운 후안무치와 담대한 태만을 보여줄 수 있는지 가히 놀라지 않을 수 없다. 어제 『라 가제트 다우구스부르크』에 보도된 내용은 우리 국민감정에 깊은 상처를 주었다. 그리고 오늘 아침 이 보도를 다시 내보낸 여당지들의 논조를 보면, 그 어떤 신문도 이미 이 나라에 얼마나 격한 분노가 일어나고 있는지 의심조차 못 하는 듯하다. 갈루초(브라질)에 월고트 경이 방문했을 때 영국 외교 관저에서 이 제독을 위한 만찬이 개최되었고, 다른 모든 외국 영사와 대사가 참석했는데, 오로지 프랑스 영사만이 전적으로 외교적인 식사에 초대받지 못한 것이다. 『라 가제트』는 "그가 몸이 편치 않아서"였다고 빈정거리듯 덧붙였다. 아니! 프랑스를 이끌고 또 대표하는 이 슬픈 운명을 지닌 자들이 나라의 명예를 지켜야 하는 일만 생기면 항상 위독하니, 나라를 위하느라 얼마나 자신의 인생을 소진했단 말인가. 정부는 하나같이 한심한 정치적 음모나 부당거래 같은 수치스러운 조작이나 궁정에 잘 보이려는 추문에 가까운 아첨질 따위에 신경을 곤두세우느라 이런 새로운 모욕, 아니 다음에 또 이어질 모욕은 그냥 넘어가고 말 것인가. 도대체 이 나라는 절친이며 동맹국이라는 이유만으로, 이 탐욕스러운 영국이 이런 무례한 행위를 하는데도 그냥 침묵을 지키고만 있을 것인가.

이제 권력 당국은 굴욕적인 사안에 대해서도 방임

과 관용을 선호해 마지않는 원칙으로 삼고 있다. 이 아름다운 나라에 익히 잘 알려진 미덕을 인정하지 않는 바는 아니지만, 재능도 없고 자존심도 없고 애국심도 없는 당국에는 그 미덕을 요구하고 싶지 않다. 그러나 권력 당국에 다음을 경고한다. 그대들의 질 낮음과 게으름으로, 이미 다 뜯어진 신성동맹이 행여 다시 꿰매지기라도 한다면, 당신들 때문에 우리의 행복은 영영 사라지고 말 것이라고 말이다.

이튿날, 이 사설을 읽은 4만 명의 구독자가 뜨거운 지지를 보내는 동시에 압력을 넣었고 분노의 기운은 더욱 거세졌다.

모든 여론은 지금껏 우리 정부 기관을 열심히 지지해왔다. 하지만 이제 정부가 하루가 멀다 하고 서서히 국민 정서와 멀어져 고립되어 가고 있으니 이를 참으로 고통스럽게 지켜보지 않을 수 없다˙. 우리

X   파리 사설은 이른바 이렇게 긴 문장 스타일을 고안해 냈다. — 원서 주

헌법의 근간을 이루는 높은 수준의 정치적 공정함이라는 원칙마저 땅에 떨어졌다. 우리의 미래는 모든 사회 구성체에 필요한 도덕과 정신으로부터 나온다. 이것은 항상 정부의 공정함에 기초하여 이루어져 왔다. 프랑스는 문명사회 전방에 선 국가로서 세계의 운명을 결정하는 저울판에 자유주의라는 무게를 올려 절대군주의 힘을 억제하는 균형추 구실을 주도적으로 해왔고 앞으로도 해나가지 않을 수 없다. 절대군주제를 유지하는 데 필요불가결한 전통 및 조직은 자유 정신과 치명적으로, 그러나 응당 마땅하게 대적해왔다. 절대주의라는 퇴행적 사상과 프랑스가 항상 제기해온 이른바 박애 사상은 그간 서로 길항해왔으며 정부는 더더욱 그 높고 고귀한 임무를 부여받은 것이다. 따라서 국가의 존엄을 땅에 떨어뜨려서도 안 되고, 우리의 굴욕으로 장사를 해서도 안 되며, 어떤 상황에서든 외국에 단호하고 품격 있게 말해야 한다. 왜냐, 프랑스를 대표하는 명예를 안은 사람에게 애국심의 결핍을 적당한 무시로 넘길 권한은 없기 때문이다. 심각한 월고트 경 사안에 대해 그 정도 작은 모욕을 가지고 왜 이렇게까지 분노하는 것이냐고 말하는 듯한 정부의 태도에 주목하지 않을 수 없다. 이제 정부는 국가의 명예와 정치적 공정성, 정부의 도덕성, 그리고 우리를 지배하는 이 슬픈 체계가 완전히 사라지고 난 다음에야 들어설 모든 관대한 박애 사상을 최상의 가치로 여기는 온건한 공화주의자들의 목소리를 듣기 바란다. 그리고 이들을 대표하는 당과 연합하기를 바란다. 불공정과 부정을 자초한 정부는, 대중의 지지마저 사라지는 순간, 자멸하기 때문이다.

삼단논법 식으로 결합한 이런 문장 하나면 대다수의 프랑스인은 모든 사건에 대해 하나의 의견을 형성할 수 있게 된다. 이 글을 쓴 테너 가수는 5년 동안 가히 의원에 버금가는 용기로 이런 식의 글만 써왔다. 7월 왕조의 개선 이후, 한 늙은 좌파 테너 가수는 12년 동안 다른 것을 결코 쓴 적이 없다고 고백한 바 있다. 그런데 이 솔직한 남자는 죽었다! 유명한 그의 고백은 웃음이 나오면서도 몸서리가 쳐진다. 세상에서 가장 아름다운 건물을 부수기 위해 석공 한 명이 연신 같은 데만 두들긴 셈 아닌가.

이번에는 판형이 가장 큰 신문 하나가 이 사건에 대해 베르길리우스 전원시 풍으로 응답하고 있다.

야당 기관지들의 정신이나 감각, 특히 그 각별한 취향은 충분히 감탄할 만하지만 프랑스에 가해지는 새로운 모욕을 찾아내기 위해 매일같이 그런 고생을 감수하는 것은 이해하기 힘들다. 자신이 국가의 존엄을 지키는 유일한 수비수라고 겸손하게 선언하는 것까지는 좋은데, 이렇게 열심히 전념하는 수고에 비해 논리가 부족해 보인다. 하지만 우리 역시 『르 나시오날』처럼 미래를 엄밀히 보는 데 있어 인정받을 만한 명예를 지니지 않았으므로, 지극히 소극적으로 다음과 같은 견해를 말해보고자 한다.

사실상 우리가 감히 급진 정치에 대해 비평하려면 상식과 양식이 있는 정치만 놓고 다뤄야 하지 않을까? 보수당이 질서를 회복하고 평화를 가져온 지

이제 겨우 12년이 되어간다(월 5천 프랑짜리 문장 [XI]). 우리의 신중한 용감함 덕분에, 우리의 무심하고 초연한 지혜 덕분에, 온갖 무정부주의적인 저항에도 불구하고 우리의 정치는 나름대로 잘 유지되어 왔다. 물론 이런 노역은, 아침마다 여전히 무시되는 인권을 회복하고 세계의 운명을 조정해야 한다는 견해를 숭고하게 제시하는 자들의 노역에 비하면 아무것도 아니다.

군주제와 자유주의의 결합은 프랑스의 서약이었다 [XII]. 이런 결합은, 우리가 이미 구축한 것이고, 하여 우리는, 잘못된 열정과 사회적 질서를 해치는 전복적인 사고를 하는 사람들과 맞서, 정직하고 상식이 있는 사람들과 함께 이 결합을 지키고 옹호할 것이다(월 5천 프랑짜리 문장).

[XI] 발자크가 기사를 인용하며 괄호 안에 써놓은 풍자적 조소로 보인다. 아래 나오는 괄호도 마찬가지이다.

[XII] "군주제와 자유주의의 결합"이라는 이 알쏭달쏭한 말은 신문들로서는 호감을 사려고 만든 최선의 표현인데, 사실 최고의 정치적 난센스로 외국 정부는 이 말만 나오면 웃음을 터뜨렸다. ─ 원서 주

하지만, 우리는 이 오래된 야당이 무능 속에 마음대로 하도록 내버려 두어도 좋을 것이다. 야당은, 고요와 평화가 불안한 것이다. 여당의 유능함이 신경질 나는 것이다. 공공의 행복이 짜증나는 것이다. 그런데 만일 정부에 대항하는 무기를 들기 위해 아무것도 아닌 단순한 사건을 매일같이 왜곡해서 보도한다면?

가령, 야당은 이틀 전부터 우리 영사 중 하나가 어느 외교 향연에 초대받지 못한 것을 두고 분개하고 있다. 월고트 경의 고귀한 명성과 갈루초에 나가 있는 우리 대표단의 고상한 성품을 잘 알고 있는 우리로서는 야당이 주장하는 것처럼 그런 일이 실제 일어나는 것은 불가능하다고 미리 말해두는 바다. 이건 단순한 사건이라 더 확대된 상세한 내용을 기다릴 것도 없다고 판단하여 『르 나시오날』은 기사를 썼지만, 괜히 다들 무기를 들게 만들어, 남과 북이 싸우고 동과 서가 싸우게 했다. 전국 방방곡곡 어디다 흘려 잃어버렸는지, 누락되었는지, 아니면 거절했는지 알 수도 없는 초대장 하나를 가지고 심각한 전쟁을 치르고 있는 것이다. 그래도 야당이 한 국가의 이익을 챙기기 위해 저렇게 열정을 보이니 좋은 일이긴 하다. 정작 국가는 이들 말을 거의 안 듣지만.

정부 기관지인 『르 메사제』는 『르 가제트』지의 **황금 이빨** 같은 기사에 대해 다음과 같은 잔인한 몇 줄로 답을 갈음했다.

신문은 얼마 전부터 이미 지난 사건 하나에 골몰하고 있다. 그러니까 갈루초에서 윌고트 제독에게 베푼 영국 관저에서의 저녁 식사에 관한 것인데, 그 식사에 우리나라 영사가 배제되었다는 내용이다. 우선, 갈루초는 페르난부코에서 800킬로미터나 떨어진 곳에 있는 다 파괴된 요새로, 주변에 남아 있는 것이라곤 어부들을 위한 오두막 세 개가 전부다. 이어 영국 해군 사령부 감독관에는 윌고트라는 이름의 제독이 존재하지 않는다.

『르 메사제』가 나온 같은 시간에 『라 가제트 드 프랑스』는 이런 기사를 내보냈다.

이 왕조의 신문들은 우리 영사 중 하나가 영국 관사에서 저녁 식사를 했는지 안 했는지, 이것이 정치적 성격을 띠는지 아닌지 살피느라 여념이 없다. 다시 말해 루이-필리프 왕조 정부가 존경받는지 안 받는지가 궁금한 것이다. 그렇다면 우리가 모두 만족할 만한 대표자를 선출하기 위한 방식을 다시 논의해야 한다는 말이 아닌가? 정부다운 정부를 만들라고 소환된 거라면, 과연 이 정부는 그러한가? 우리는 여전히 1825년에 있는 게 아닌가?[XIII] 대답해 보시기를! 15년간 희극 무대에서 활약한 배우들이시여.

XIII 프랑스는 1789년 혁명을 거쳐 제1공화국을 세웠으나 공포정치와 혁명전쟁 와중에 나폴레옹이 등장, 실권을 잡아 제정 시대로 넘어갔고, 1815년 나폴레옹의 몰락 이후 다시 군주제 왕정이 복귀하였으며 이 왕정을 1830년 7월 혁명으로 몰아낸 후 입헌군주제 성격의 루이-필리프 왕조를 세웠다.

다음 날 아침, 『라 프레스』는 위 사설에 대해 단신을 내보냈다.

어떤 것을 창조하는 게 불가능한 상황에서도, 야당 지는 막 영국인 제독 한 명과 도시 하나를 창조해 냈다. 독일발 허위 기사를 그대로 믿고 괜히 화를 내고 짜증내는 자들과 이 나라의 진정한 이익을 살피는 자 중 그 누가 언론의 신뢰를 떨어뜨리는가?

『라 프레스』는 이른바 국가를 위해 일한다.
프랑스에서 정치 신문이 모든 문제를 이런 식으로 조명함으로써 인간 정신을 위해 복무한 지도 어언 20년이다. 파리 언론의 책무가 이것이었다. 우리는 자유를 얻기까지 많은 피를 흘렸고, 시련을 감내해야 했다. 옛날 신문을 읽어보아라. 월고트 경 같은 사람이 다른 형태로 나타나는 것을 보게 될 것이다.
만일 이런 신문이 존재하지 않았다면, 정치 테너 가수들은 어떤 직업을 갖게 되었을까? 그 답은 오늘날 그들의 실존에 대한 가장 잔인한 풍자가 될 것이다.

테너 가수는 야당의 테너와 여당의 테너로 뚜렷이 구분된다. 정부 지지파 작가들은 온순한 소년 같은 이들이 주로 맡는다. 영리하고 재밌고 유쾌한 이들은 남을 잘 도와주는 친절한 소년들이다. 외교관처럼 매수되어 타락할 수 있다는 것을 알지만, 우선은 낙관론을 가지고 출발한다. 다른 좌파 작가들은 신중한 척 점잔을 빼지만 좀 거만하며 밖으로는 온갖 미덕을 말하지만 자기 안에도 그런 모습이 있는지는, 글쎄. 스스로 청교도처럼 순수하다며 권력층을 그토록 괴롭히지만, 사실 알고 보면 그들 부모를 위해 그럴 때도 있다. (바로 가문이 이런 일로 받는 급료가 13만 프랑이다!) 여당파 테너는 만일 한 언론계 인사가 어떤 엄청난 사건에 연루되면 이렇게 무심히 말한다. "챙길 건 다 챙겼을 걸?" 반면, 야당의 테너는 불같이 화를 내며 자기 치하를 할 시간을 갖는다. "우리 당에 그런 일은 있을 수 없습니다! 우린 청렴결백하죠!" 이 말은 아직은 같이 해먹을 게 없었다는 의미이다.

제3품종
전문기자[XIV]

특별한 소재를 다루는 전문기자는 파리 사설의 미
사여구 담당이다. 그는 공통된 정치적 입장은 건드
리지 않는 선에서 의견을 낼 수 있다. 항상 문장 몇
개로 신문의 견해에 의견을 보태야 하기 때문이다.
이 논객은 상업이나 농학 문제를 공부하거나 어려
운 학술서를 읽으면서 정확하고 올바른 개념을 알
고 있어야 한다. 이런 면에서 테너 가수보다 더 실
질적인 가치가 있는 셈이다. 그는 신문사에 거의 나
오지 않는다. 그의 기사는 매달 세 개 혹은 네 개 정
도 나오는 게 전부다. 파리 신문 사설은 항상 사건

[XIV] 원문은 Le faiseur d'articles de fond으로 '논설 기사의 배경을 만들어
내는 자' 정도로 옮길 수 있는데 맥락상 우리나라의 학술 전문기자와 유사
하다고 보고 의역했다.

을 재료로 준비해야 하니 오페라 극장이나 의회 위원실 복도 등을 다니며 반죽한다. 아니면 신문사를 뒤에서 움직이는 회장의 정치적 저녁 만찬에서(이건 좀 나중에 말하겠다). 반면 논설 기사를 쓰기 위해서는 해당 학문이나 담당하는 책에 관한 지식도 있어야 한다. 그래서인지 이들은 그다지 많은 돈을 벌지 못한다. 보통 연극판에서 활용도는 가장 많은데 역할은 그저 그런 자들에 비유할 수 있다.

그래도 정부 여당지에서 기사를 쓰는 자들에게는 미래가 있다. 저 멀리 떨어진 땅으로 가서 영사가 되기도 하고, 장관의 특별 비서로 채용되거나 교육계로 나가기도 한다. 야당지나 반反 7월 왕조파 신문에서 이런 일을 하는 자들은 잘 풀리면 정치사상 아카데미나 비명碑銘 및 고문古文학계, 아니면 몇몇 도서관이나 고문서관으로 나간다. 이것도 아니면 그들 당의 과도할 만큼의 완벽한 승리를 준비하는 연구 모임에 들어가기도 한다. 신문에는 이런 기사가 거의 없다. 신문사가 서서히 없어져 가는 마당에 이런 성실한 재능과 진지한 연구를 뒷받침할 만

큼 부자인 신문사도 거의 없기 때문이다(이에 대해서
는 「비평가」종을 보라).

제4품종
셰프 자크

음식으로 치면 '포토푀'ˣ·에 해당하는 사설 외에,
또 오늘날에는 점점 드문 전문 기사 외에, 신문에는
서너 줄짜리 단신이나 잡보, 광고전단 같은 것도 들어
있다. 세 종류의 기사는 치안 담당 같은 이른바 문
인 한 사람에 의해 정리되고 배열될 수 있다. 이 편
집기자는 사주나 사장에 종속되었지만 그래도 한
달에 500프랑 가까이 되는 고정 월급을 받는다. 파
리의 모든 신문과 각 지방에서 내는 신문을 읽으며
작은 사건이나 사고에 일련번호를 달게 될 작은 소

XV   포토푀(Pot-au-feu): 소고기와 당근, 파, 배추 등 여러 채소를 넣고 끓인 일종
     의 스튜 요리로 이른바 서민의 요리로 통한다. 원어 자체는 불에 올린 뚝배
     기라는 뜻이다.

식들을 가위로 오리는 일을 맡는 이 기자는, 사장이나 사주의 명에 따라 광고용 기사를 싣거나 빼낸다. 신문이 나올 때까지 모든 요소의 **배치**와 **편집**을 감시하는 일을 맡는 '셰프 자크'는 신문이 인쇄에 들어가기 직전까지 이 모든 일을 지켜보면서 **조판업자**라 불리는 인쇄소 작곡가들의 **특무상사**로서도 이런저런 것들을 지휘한다. 따라서 셰프 자크는 상당히 중요한 인물이다. 가장 흥미로운 기사가 무엇인지, 어떤 기사를 키우고, 줄일지 이 모든 게 자정과 새벽 1시 사이, 바로 그의 명령에 따라 결정된다. 신문사의 운명이 이 시간에 달려 있다. 새로운 정치 뉴스가 저녁에 터지면, 기사 단段 사이를 파고 들어가 단신으로라도 급히 내보내야 한다.

　　단신은 마치 한밤중에 범죄를 저지르듯 만들어진다. 사주, 테너 가수, 셰프 자크, 가끔은 '담당관'(나중에 살펴볼 것이다), 아니면 신문사 청소부까지 합심해 약간의 농을 첨가하기도 한다. 이 단신을 써내기 위해 그야말로 그들 나름의 지략을 짜내는 것이다. 이런 기사는 10행을 넘는 일이 거의 없고, 대부분 2행에 그친다.

야당파가 내보내는 단신은 다른 신문 기사에
대한 반박이나 사설 없이 나가는 기사에 대해 이튿
날 그것을 해명하곤 한다. 이때, 급하다 보니 편파
성을 띠지만 방망이 효과를 낸다. 다음은 모든 야당
파 신문의 명제이다.

명제

우선 때리고 변명은 나중에

파리 신문의 잡보는 거의 다 똑같다. 사설을
죄다 삭제하면 말 그대로 단 하나의 신문이 된다.
매일같이 상반된 결론을 끌어내기 위해 이런 일상
적인 일을 하는 것이다. 결국, 이쪽저쪽 다 말도 안
되는 터무니없는 결론에 다다르지만, 그래야 신문
이 존재할 수 있는 법이다. 『카나르』XVI지가 만들어

XVI   *Le canard*: '오리'라는 뜻이다. 여기서 파생해 20세기 초 『카나르 앙셰네』
      (사슬에 묶인 오리)라는 풍자 신문이 만들어지기도 했다.

진 것도 이런 잡보 덕분이다.

이 단어의 어원을 보면 신문에 왜 이런 단어를 쓰는지 짐작할 수 있다. 파리에서는 어떤 범죄자가 잡혔다든지 그가 곧 사형될 거라든지, 아니면 전쟁이 지금 어떻게 되고 있는지 등 전쟁 속보나 괴상망측한 범죄 사건의 요약문 등을 큰소리로 외치며 알려주는 자가 있었다. 그 내용을 종이 한 장에 인쇄해 1수를 주고 팔았다. 꽥꽥 소리 지르던 **오리**[XVII] 개념이 그대로 인쇄 업계에 들어온 것이다. 이렇게 외치며 소식을 전해주는 직업은 점점 감소하는 추세지만, 구체제인 왕정 사회나 혁명기 또는 제정기에는 상당히 활약이 컸다. 지금은 거리에 나와 외치는 자들이 거의 없다. 마부가 마차 좌석에 앉아 손님을 기다리면서 신문을 읽을 정도이니 종이 신문이 옛 산업을 죽인 것이다. 비정상적인 것, 괴상한 것, 불가능한데 사실인 것, 가능한데 가짜인 것 등이 이 **오리**들에 유용한 요소로 사용된다. 따라서 **오리**가

XVII 신문명이 아니라 오리를 비유할 때는 '카나르'가 아닌 '오리'로 옮겼다.

신문 업계 용어로 불리는 것이 나름 그럴싸해 보인다. 깃털 펜 없이는 글을 쓸 수 없고, 오리 요리에는 온갖 소스를 첨가하니 말이다.

『카나르』는 지방 저 안쪽에서부터 비상해온다. 또 '철 오리'라 불리는데, 이는 몇 년의 시차를 두고 주기적으로 반복하는 시시껄렁한 소식을 두고 하는 말이다(루벤스 그림이 어느 짚더미 안에서 발견되었다거나, 시베리아로 한 군인 죄수가 유형 보내졌다거나). 왕정복고 시절에 『콩스티튀시오넬』XVIII지는 이 오리를 정치적 무기로 만들었다. 신문은 신부들을 겨냥한 그 유명한 종이상자를 가지고 있었는데, 안에는 기독교식 장례 거부랄지, 자유파 신부들의 근심거리에 관한 자료가 한가득 들어 있었다고 한다. 그러나 이 자유파 신부들은 한 번도 존재한 적이 없었다. 한마디로 자유파 신부는 가공된 개념이었다.

순수혈통의 『카나르』는 간혹 전 유럽을 완전

XVIII '입헌'이라는 뜻이다. 신문 용어는 일반명사가 아니라 고유명사이므로 원어 발음 그대로 옮겼다.

히 빨아들일 만큼 아주 참신한 수준까지도 올라갔다. 가스파르 하우저라는 사람은 결코 존재한 적이 없는데 신문에서 이 사람에 대한 소식이 불완전하게나마 알려졌고, 클라라 웬델이나 산적 슈브리도 역시 존재한 적 없지만, 이들에 관한 기사가 나왔다. 파리는 물론, 프랑스와 유럽 전체가 『카나르』지를 믿었다. 심지어 나폴레옹은 언론인 한 명에게 연금을 주며 그 공을 치하했다. 이 자는 5년 동안 『르모니퇴르』지에 영국군과 아프가니스탄군의 전쟁 소식을 실었는데, 알고 보니 가짜 보고서였다. 이 사실이 나중에 들통났지만, 나폴레옹에게는 유리한 내용이었기에 그의 담대한 사기 행각을 용서해 줬다.

지금은 많은 **오리**를 러시아 제국으로부터 수입하고 있다. 프랑스 저명인사들에 관한 기사가 없으면 이 '**퍼프**'[XIX]는 러시아의 니콜라이 황제를 재료

XIX Puff: 뻐끔뻐끔 피우는 담배 한 모금을 뜻하기도 하고, 여기서 파생해 과대광고 등을 뜻한다.

삼아 아낌없이 요리한다. 몇 년 전부터는 '**퍼프**'라는 말이 '카나르'라는 말을 대신해 더 많이 쓰이고 있다.

신문사에서 셰프 자크의 기능은 막중하다. 사실상 그는 신문 그 자체이다. 그가 늘 입에 달고 다니는 말은 이렇다. "다 나한테 달렸어. 이거 봐, 보면 알잖아."

당신이 기자라면 열심히 쓴 기사가 신문에 실릴 거라 확신하고 잠이 들 것이다. 당신 기사는 이미 **조판 되어** 있을 것이다. 그런데 의회 관련 기사는 2단 이상 되길 바라고, 그러면 어떻게 될 것 같은가? 당신 기사가 빠진다. 당신 기사는 다음 날 내보내기로 하고 조판 대 위로 다시 올라가지만, 또 다음 날로 미뤄질 수 있다. 아니, 그다음 날은 영영 안 올 수도 있다. 신문의 맨 마지막 쪽은 여러 공고로 꽉 찬다. 남은 지면의 4분의 1은 연재소설이 들어가야 하니 더는 자리가 없는 것이다. 셰프 자크의 가장 막중한 과제는 파리 **잡보**에서 **광고**가 될 만한 것을 알아맞히는 것이다. 파리 잡보는 흔히 어떤 사업이나 책, 기업 등을 추천하고 홍보도 하기 때문이다. 하지만 이 능수능란하고 교묘한 몇 줄이 실리려면 편집장 또는 주간에게 그게 어떤 종류든, 그러니까 일종의 화폐 성격의 무언가를 지불해야 한다. 만일 당신이 어느 한 자리를 노리는데, 이 자리를 두고 다투는 경쟁자가 있다면, 그리고 당신이 그 자리에 임명되길 정말 원한다면 당신은 경쟁자가 임명되는 것을 방해라도 해야 한다. 어떻게 하면 되는가 하면, 모든 신문을 동원해 북소리를 울리듯 당신이 임명되는 게 좋다는 내용을 자꾸 흘린다. 장관들이란 대중의 여론 앞에서 한발 물러나는 자이기 때문이다. 선거철이 되면 이 단신과 잡보가 특히 난리가 난다. 선거철이라 구름떼처럼 몰려온 **오리**들이 프랑스 전역을 뒤덮는다.

신문에 실리는 선전 문구``는 공고에 도움이

XX 발자크가 쓴 원어는 여성형 명사인 'la réclame'인데, 동사 réclamer(요청하다, 요구하다, 외치다)에서 파생하여 신문 사이에 끼어드는 광고 전단이나 선전 문구 등을 뜻한다. 그런데 남성명사로 쓰이면 이 단어는 사냥에서 매를 불러들이는 신호 소리를 뜻한다.

되는 몇 줄이면 족하다. 광고와 공고가 적절히 하나로 조합되면 큰 신문의 비평도 죽일 수 있다. 셰프 자크는 편집주간의 호의와 배려를 받는 대상인데, 이 광고가 실리느냐 마느냐 역시 그가 지배하기 때문이다. 그와 우정 관계인지, 증오 관계인지에 따라 많은 게 결정된다. 그는 광고를 편집주간이자 사주에게 가져가서, 진행하면 좋겠다는 영감을 살짝 불어넣는다. 어떨 때는 한마디 말도 없이 알아서 싣는다. 거의 신문사의 검열관인 그는 주간이 신문사에 해가 될 위험한 문장을 쓰면 각성시킨다. 결국 주간이 어떤 정치적 재판을 받는 일이 생기면, 셰프 자크는 이렇게 말한다. "거봐, 내 말을 안 들어서 그래. 내가 그렇게 말했는데도." 이 집의 주인이자 고양이인 그는 정확히 내다본다. 왜냐하면 정치적 열병에 걸리지 않았기 때문이다. 신문사는 주인이나 견해를 바꾸지만, 그는 절대 자리를 바꾸지 않는다. 10년 정도 현장 실무를 하고 나면, 그는 흔히 저명한 사람이 되어 있다. 감각과 상식, 양식이 풍부하고, 사람들도 많이 알고 있으므로 훨씬 쾌적한 인생을 살 수 있다. 출판계와 연극계에 지원하고 나서 몇 년 후, 아니면 개막식 테이프 자르기 행사라면 웬만한 데는 다 참석하고 나서 몇 년 후, 물론 새로운 왕조 개막식 행사는 필히 참석하면, 그는 이제 도서관 사서나 철학자가 될 수 있다. 이들은 흔히 전문기자보다 실력이 더 출중해 공공의 모든 사안이 지닌 이면을 통찰한다. 하여 그는 종국에 지사나 판사, 왕실 판무관이 되기도 한다. 아니면 어떤 '테너'의 개인비서가 되기도 하는데, 바로 이 테너가 장관이 되었을 경우다.

제5품종

도당파

각 신문은 속기록 기자를 통해 이른바 국회의원들을 재가공할 수 있다. 이 기자를 회의에 들어가게 해서 기록을 시킨 다음 거기에 신문사의 색깔을 약간 입히면 되는 것이다.

자, 이들이 짠 계획을 살펴보자.

자기 신문의 색깔과 동일한 색깔을 한 의원들의 연설은 일단 다 적어 내보낸다. 프랑스어 오탈자나 좀 잡으면 된다. 여기에 (감성) (생생한 감성) (더 생생한 감성) 등으로 약간 톤을 조절한다. 만일 그 신문의 성향을 대표하는 당의 우두머리가 연설하면, 다음과 같은 문장을 써주면 된다.

그의 발언 이후, 국회는 크게 요동쳤으며, 회의는 잠시 중단되었고, 의원들은 반원의 좌석에 삼삼오오 모여 개별적으로 대화에 들어갔다.

아니면 이렇게 쓴다. (읽어 보면 알겠지만, 위의 의원보다는 한 수 아래인 제2서열 정도 되는 의원이라 짐작할 수 있다.)

연사는 동료들의 칭찬을 받았다.

국회를 뒤흔든 연사는 장관 말고 다른 사람이 될 수 없다. **동료들의 칭찬을 받은** 자는 지사 아니면 행정부 내 국장급 정도일 것이다. 전자가 거물급 시민, 아니 정치인이라면, 후자는 당내에서 나름 주목할 만한 사람들 가운데 하나일 것이다.

국회에서 돌아오면, 이 도당파`XXI`는 상대 진영의 연설을 몇 줄로 요약한다. 게다가 괄호를 쳐서 축약할 뿐 다 전하지 않는다. 가령 이런 식이다. (수군거림) (의원들, 개별 대화로 들어감) (부인) (격렬한 부인) (연설 방해) (소음). 아니면 (이 연설에 의원들은 웃음을 터뜨렸다) (폭소). 여기서 폭소란 좋은 의미로 쓴 것이다. 가령 야당이 여당 장관을 공격하여 의원들을 웃게 했을 경우다. '잔인한 폭소'도 있는데, 여당 의원이 연단에서 연설하는 것을 방해할 목적으로 하는 폭소이다. 왕정복고 시절, 이 도당파 같은 국회 출입 기자들이 아주 뛰어난 행정관이자 사상가인 시리에스 드 메이리낙이 요령부득한 서툰 연설로 의원들을 웃게 했다고 보

XXI 발자크가 쓴 단어는 'camarilliste'이다. 원래는 스페인 왕의 측근들로 구성된 궁정당을 뜻하는데, 여기서 유추하여 왕실 권력에 딱 달라붙은 정치세력을 의미한다고 보고 도당파라 옮겼다.

도한 적이 있는데, 사람들은 『프랑스 리베랄』에 실린 이 기사를 그대로 믿기도 했다.

한 의원을 두둔하고 싶으면 첫 문장 앞에 이런 힘 있는 문구를 내보내면 된다.

고셰 드 갈리푸 씨가 내무부 장관의 뒤를 이어 나왔다(장내 깊은 침묵).

해임하고 싶은 의원이 있다면, 이런 잔인한 농담을 던지면 된다.

가비요 씨가 연단에 올라 연설을 시작한다. 멀어서 그런지, 아니면 신체적 약점 때문인지, 그러니까 그의 목소리 탓인지, 남프랑스의 억양 또는 연사의 고향인 알자스 지방의 억양 때문일 수도 있겠지만, 더욱이 의회의 소음 때문에 그의 연설은 잘 들리지 않았다.

아주 흔하게는 연설에 대해 언급하지 않고 그

냥 넘어간다. 그래서 지방의 구독자들은 의회의 투표 결과가 납득이 가지 않을 때가 있다. 간혹 어깨가 떡 벌어진 운동선수 같은 자가 뛰어난 연사로 소개되고, 진지한 연사들은 좌파 공화파인 페르킨-바르벡으로 조롱당하는데, 이른바 정치적 마네킹이거나 때론 비정치적 마네킹이라는 것이다. 조국의 이름으로, 충분히 불명예스러운 일들을 한 자들을, 성격 좋은 사람으로 만들기도 한다. 정권의 가장 논리적인 행동을 흔히 정치적 난센스로 만들기도 한다. 그게 뭐가 됐든 개념이 별로 없거나 있어도 말로 잘 못 옮기는 자가 정치인이 되기도 한다.

진짜 국회는 어디에도 없다. 심지어 『르 모니퇴르』에도 없다. 이 신문은 어떠한 견해도 가질 수 없고, 의원의 인상학을 묘사할 수도 없고, 연사들이 수정되어 묘사되는 것을 그냥 받아들일 뿐이다. 공식적으로 그 특유의 냉소를 통해 오히려 의원석에 앉아 열을 내는 의원들의 뜨거운 열정을 식힐 뿐이다. 국회 회의장에 가서 직접 들어보면 심포니 오케스트라를 듣는 것 같은데, 각 신문에 실린 회의는 파트별 악기 소리만 들린다. 신문을 다 모아도 소용 없다. 절대로 전체를 알 수가 없다. 오케스트라 지휘자의 실제 모습, 그 투지 섞인 열정, 그 태도, 이런 것들은 신문에 드러나지 않는다. 상상력을 동원해도 역부족이다. 이를 정말 있는 그대로 말해주는 신문사가 있다면 아마 어마어마한 성공을 거둘 것이다.

각 신문사에 있는 도당파 출입 기자들은 국회 기자석에 다닥다닥 붙어 앉기 때문에 서로를 잘 알 수밖에 없고, 그래서 서로 잘 알고 지낸다. 이들은 대부분 젊다. 아마도 젊기 때문에 노상 벌어지는 시합을 구경하며 심판관 노릇을 할 것이다.『르 나시오날』기자가『라 가제트』기자에게 말한다. "당신네 의원은 지금 영 이상한 말을 하고 있어." 숫제 기자석에서 의원 연사들에게 쪽지 하나를 건네기도 한다. 젊은 기자들이 인용할 만한 어떤 내용을 직접 적어주는 것이다. 이처럼 어떤 회의나 전투의 지휘가 기자석에서 이루어지기도 한다. 어떨 때는 이런 외침이 들리기도 한다. "좋아, 좋아! 내가 저걸 엄청 훈련하게 시켰거든(카나리아에게 노래를 가르치듯이 때론 어떤 장관을 그렇게 가르쳤다는 말일 때도 있다) 이번엔 잘하네! 그래, 잘했어, 고마워!"

국회의원과 국회 출입 기자들의 관계는 로마 원형 경기장과 로마 시민의 관계와 같다. 함께 성공을 이뤄낼 수도 있고 의원으로서의 명성을 올려주느냐 마느냐를 놓고 한동안 서로 척질 수도 있다. 도당파 같은 출입 기자들은 정치계 인사들을 아주 잘 알고 있다. 그뿐만 아니라 그들의 귀엽고 작은 미담을 드물게나마 기사에 싣기도 한다. 일종의 광고인 셈이다. 왜냐하면 이들은 정치 드라마에서 배우를 어떻게 그려내야 하는지 너무나 잘 알고 있기 때문이다.

다음 일화만 봐도 두 사람이 어떤 사람인지 바로 이해할 수 있다. 두 사람 중 한 사람은 아주 이론적이고 교조적인 사람이고, 다른 한 사람은 적당히 썩었다. 전자가 후자에게 의원들이 모인 의회에 들어가기 전에 그들을 가리키며 이렇게 말한다. "정말 신기하지 않은가! 저 가운데 미친 자가 하나도 없다는 게!" 그러자 후자가 대답한다. "없어? 다 미쳤……. 에이 말을 말지, 다행이네, 자네가 몰라서."

국회의원직의 명예를 열망하는 자들에게는 이보다 더 유용한 게 있을 수 없는 예가 또 하나 있다. 하루는, 좀 지겨운 어느 남부 출신 여당파 의원이 연단에 설 준비를 하느라 그가 써온 종이를 들춰가며 순서를 정리하고 있는데, 이 뒤적거리는 소리를 들은 의장이 이렇게 소리쳤다고 한다.

"아무리 카드를 뒤적거려봤자 안 나와요! 당신한테 으뜸 패가 있을 거 같아?"

국회의원이 되려면 이런 폭언쯤은 견뎌야 한다!

2
기자 겸 정치인

4개 품종	1	정치인
	2	담당관
	3	파견 담당관
	4	브로슈어 작가

제1품종
정치인

모든 신문에는 주간이나, 편집장, 사설 쓰는 테너나 전문기자, 아니면 당파적인 국회 출입기자 말고도 신문에 색깔을 입혀주며 그 신문과 아주 결착한, 즉 대놓고 또는 은밀히 그 신문을 보호하는 자들이 있다. 그들은 바로 이어 소개할 품종에 속해 있다. 이제 이들에 대해 말할 차례다. 바로 '정치인'이다.

여기서 정치인은 정치 사업에 막 들어갔거나 들어갈 것이거나 나왔거나 다시 들어가고 싶어 하는 자를 두루 가리킨다.

때로 정치인은 신화일 뿐, 사실 존재하지 않는다. 여당이냐 야당이냐 이런 두 세계의 개념도 없다. 이 자를 당신의 부장으로 써보라. 공공장소 청소 하나 제대로 시킬 줄 모를 것이다.

명제

형편없는 정치인일수록 신문사에서는
최고의 달라이라마가 되어 있다.

신문이 신문이라면 정치인은 그 신문의 예언자다. 그런데, 아시다시피, 말을 해서 예언자가 되는 게 아니라, 말을 하지 않아야 더 예언자다운 법이다.

현 정치 체제는 마치 의회와 볼링 핀 놀이를 하는 듯하다. 여기서 핀들은 솔트, 기조, 티에르, 빌맹, 몰레, 마르탱(뒤 노르), 테스테, 뒤포르, 뒤샤텔,

뒤페레, 파시' 등등이다.

왕실"에서 야당 쪽을 한번 치면, 다시 야당 쪽에서 왕실 쪽 핀을 한번 친다. 1830년부터는 배치만 바꾼 새로운 조합을 만들어냈다. 하여 이 놀이는 프랑스 내정 놀이라 부를 만하다. 옛날에도 이런 핀은 있었다. 다만 이 핀들은 사람들이 원하는 핀도 아니었을뿐더러, 핀이 된 자들도 볼링공의 목표물이 되고 싶지 않았던 자들이다. 가령 살방디, 몽탈리베, 퀴비에르, 드 브로글리 등'"이다. 이들은 다시 대사직으로 돌아가거나, 세비 받는 한직으로 돌아간 자들이다. 반면 빌로나 말빌, 쿠쟁, 조베르, 레뮈자 같이 기꺼이 핀이 되길 열망하는 자들도 많았는데, 지금 이들은 한때 핀이었던 자들로, 3월 1일 내각의 붕괴와 함께 부러져나간 자들이다.

I 여기 등장하는 인물들은 7월 왕조 당시 활동했던 정치인들이다.

II 원문은 'Cour'(궁, 왕실, 조정)를 쓰고 있는데, 1830년 7월 왕조 시기라 입헌군주라고는 하나 군주제를 없애지 아니 하였으므로 왕실이라 옮긴다.

III 여기 등장하는 인물들은 7월 왕조 전반기나 기조가 정권을 장악한 후 서서히 세를 잃어간 자들이다.

명제(보쉬에[IV]의 말을 되살려)

의회는 바람 잘 날 없고, 확고한 사상이 의회를 이끈다.

자칭 정치인이라는 사람들은 모두 장기판의 졸卒, 장將, 차車, 아니면 포包[V]에 불과한데, 우연히 누가 장기판을 엎지 않는 한 계속해서 놀이는 진행된다.

정치인은 자기 성소에서 머문다. 사무실에 나와 있는 법이 없다. 편집국장, 사주, 편집주간, 신문사 중역이 모두 그의 집으로 간다. 정치인들은 의회에나 가야 볼 수 있다. 이들은 각자 자기한테 몇천 명의 구독자가 있는지 안다. 구독자들을 고려해야 하는 이유가 여기 있다. 가끔 정치인은 파리 사설판으로 내려온다. 아니면 단신으로라도 모습을 비춘

IV 보쉬에는 17세기 프랑스의 사제이자 종교 사상가이다. 신구교 논쟁이 일었을 때 구교적 입장에서 특히나 어린 루이 14세에게 왕의 권한은 신으로부터 받은 것이라는 왕권신수설을 가르쳤다.

V 서양 체스 용어들을 정치 인생에 쉽게 비유하기 위해 한자를 살려 장기판 용어로 옮겼다.

다. 신문사는 이 동료에게, 아니 이 여당 정치인에게 익명으로 글을 써달라고 부탁해 자기 색깔을 드러내기도 하는데, 구독자는 용케 알아챈다.

그러다 보니 어떤 신문에서 이런 글을 읽게 되기도 한다.

어제 그 사설을 보니(그 신문다운데), 분명 모모 씨가 쓴 것으로 보인다. (…) 모모 씨의 생각을 우리가 이미 알고 있기 때문이다. (…) 그렇다면 그가 주장하는 것에 집중해보자. (…) 그런데 이런 사설을 쓴 의미는? (…) 왜 이런 것을 썼을까? (…) 모모 씨는 자신이 지금 적임자라고 생각하는 걸까? (…)

그러면 이 사설을 실은 신문사는 위에 인용한 내용을 다시 언급하면서 언론의 특권을 운운하며 이 동료 기자를 꾸짖고, 그런 사실이 없다고 반박한다. 아니, 어떤 정치인이 사설을 쓴 게 아니고, 테너 가수, 즉 논설위원이 이런 주장을 풀어놨다는 것인데 이렇게 반박하면 이 신문의 구독자는 반대로 알아듣는다. 무슨 말인가 하면, 적어도 신문의 구독자라면 그들 신문이 처한 곤경을 바로 알아챈다는 것이다. 이 정도라면 차라리 뷔낭빌 극장에서 하는 카산드라와 드뷔로를 보는 게 낫다. 훨씬 웃긴 창작물인데, 입장권도 75상팀밖에 하지 않으니까 말이다.

정치인은 갤리선의 노예 같다. 신문사가 어디로 가라고 하면 가야 한다. 신문사의 영지도 보러 가야 한다. 지방 사람들은 이들을 위해 잔치도 베풀어주고, 환영해준다. 앞에 나가서 포효하듯 **스피치**도 해야 한다. 스피치라는 영어 단어는 이제 프랑스어가 되었다. 영어도 아니고 프랑스어도 아닌 어떤 다른 말이 되었는데, 이 말은 생각하지 않고 하는 말이다. 연설도 아니고 대화도 아니고 담화도 아니고 논고도 아니고 그냥 해야 하니 하는 바보 같은 말. 야외든, 식당이든 앞에 차려진 식탁 앞에서, 배와 치즈 사이에서, 그저 노래하듯 지껄여대는 의례적인 음악의 악절 같은 것이다. 그래도 항상 이곳 시민들 한가운데 앉아 있다. 이 정치인을 포함해 딱 다섯 명의 시민밖에 없을 때도 있지만. 만일 이 정치인이 부인과 사별하면, 그 부인을 애도하는 것이 아니라, 그 시민적 의연함을 칭송한다. 그리고 이 위대한 시민의 고통을 함께한다. 만일 아들을 잃으면 아버지의 자질을 칭찬한다. 만일 딸을 결혼시키면, 아버지에게 축의금 조로 축하 인사를 드린다. 만일 국장 정도로 치르는 장례식이 생기면, 정치인은 꼭 손에 손수건을 들고 가서 눈물을 훔칠 준비를 하는데, 이 크나큰 슬픔과 고통에 대해 그만의 특별한 색감을 넣어 깊은 애도를 표한다. 만일 여행하면 그 지방 주민들이 어떻게 알고 인사를 건네기도 하는데, 심지어 밤에 가도 그렇다. 만일 외국에서 모습을 보이기라도 하면, 더 큰 반향이 일고, 프러시아, 이탈리아, 스페인, 러시아 같은 데서는 더 융숭한 대접을 받는다. **평소 선생의 사상을 흠모했다며, 프랑스에 선생 같은 분이 계시니 프랑스가 정말 부럽다는 말도 한다.** 만일 그가 라인강을 바라보고 있으면, 라인강이 그를 바라보는 것처럼 보도된다.

정치인의 동정을 이렇게 아첨하듯 보도한 신문들이 한때 과거에는 교회 사제들에게 머리를 조

아리며 향을 피우는 자들을 비난했던 신문들이다.

제2품종
담당관

신념이 확고한 신문(아래에서 보게 될 것이다)에는 어떤 체제에 자신의 인생을 건 사람들이 있다. 말하자면 정신적 차원에서 그 체제를 지지하며 나름 무사 무욕으로 살아가는데, 이들은 녹색 안경, 노란색 안경, 파란색 또는 빨간색 안경을 끼고 일편단심 그 신문만 추종하며 살다 가는 사람들이다. 이들을 두고 이렇게 말한다. "숫제 그 신문사에서 일하는 담당관 같아." 흔히 이런 사람들은 이 신문사에서 아무것도 아니지만, 그래도 가끔 자문해주는, 말하자면 행동대원이다. **이들의 에너지는 익히 잘 알려져 있다.** 야당지나 급진파 신문에서 언제든 기습하여 권력을 탈환하고자 한다. 이들은 동맹체의 주요 쐐기 역할을 하고, 자의적 행동을 감행하거나, 위태로운 선거구가 생기면 그곳에 당장 가보기도 한다. 또한, 몇몇 장관들을 괴롭히며 그들의 잠을 방해하기도 한다. **가슴을 솟구치게 하는 뜨거운 논점이나 시사적 현안들을 만들어내는 것은 바로 이자들 몫이다.** 가령, 선거법 개혁, 국민 방위대 투표권, 의회를 향한 청원 등. 이 열정적인 자들은 뱅센 성 같은 요새 사옥을 거느린 언론계의 저격수 또는 사냥수라 할 것이다. 이들은 **당을 지지하는 정치적 입장을 견지하지**만, 학의 다리처럼 길게 마냥 서 있는 것도 쉬운 일은 아니므로 때론 지치기도 한다. 문득 사상과 사람과 사물에 속았다는 것을 깨닫는다. 사상과 사람과 사물처럼 허망하고 배은망덕한 게 없다는 것을 깨닫기도 한다. 한 당이란 사물에 의존하는 사상이기 때문이다. 이 고집 센 자들 가운데 **성격 좋고 의지가 결연하여 좋은 평가를 받았던 자들도 있다.** 그러나 이렇게 한 신문사의 홍보 담당관처럼 그 신문을 추종했던 자들은 이젠 자기 부인과 자식들, 또는 자기 사업에만 매달리는 사람들이 되어 있다. **국가의 장래 따위에는 관심도 없다.**

공화파 정당은 이런 추종자들을 살피고 감시한다. 그들이 환상을 유지하도록 관리하는 것이다. 어느 날, 공화당원이 길에서 친구를 만났다. 이 친구는 민중사관을 가진 자였고 몸이 항상 앙상하고 빈약했다.

"매수됐군!"

공화당원이 친구를 바라보며 이렇게 말을 건넨다.

"내가?"

"그래! 왜 이렇게 살이 쪘어!"

제3품종
파견 담당관

이 또 다른 담당관은, 군대식 표현을 쓰면, 포연탄우가 지겹지 않은 자다. 그들은 신문사에 기사를 물어다 주거나 장관들을 돕기도 하고 필요하면 또 배신도 하는데, 그것도 할 만해서 한 것이라고 생각한

다. 위엄을 과시할 줄 알고 약간의 재능도 있어 대학에 간다. 정치 평론과 문학 평론을 동시에 한다. 적당히 자기 몸값을 흥정할 줄도 알아 여기저기 저녁 식사 자리에 낀다. 어떤 정치인을 어떤 신문에서는 공격하고 어떤 신문에서는 칭찬하며 이쪽에서 공격했다 싶으면 저쪽에서는 또 멋지게 반박하는 신묘한 기술을 자랑한다. 주인을 쫓아다니는 개처럼 이 신문사 저 신문사 왔다 갔다 하다가 공상과학 교수가 되거나 어떤 내각의 특별 비서로 들어가기도 하고 총영사관이 되기도 한다. 임무를 얻어내면, 마침내 자리를 잡는다. 어떤 지위에 오르면 다른 사람들에게 그 자리를 내줘야 할 때가 온다. 그러면 다시 언론계로 돌아와 이 직업을 다시 시작한다. 그 정도 해내는 자라면 셀 수 없이 많은 업무를 해야 하고, 신기하게도 자기 자신을 두려운 존재로 만들 줄도 알아야 한다. 농작물을 훔치는 이런 자들은 흔히 그들이 봉사한 자들한테 버림받는다. 하지만 다시 불러줄 날을 기다린다!

아, 그래서 이들은 자조하듯 이런 말을 한다.

"인정이 너무 많으면 이렇게 되는구나."

명제

정치적이지 못한 자의 자기 위안.

사람이 너무 좋아 탈이지.

제4품종

브로슈어[VI] 정치인

조비알이 무슨 사건만 생기면 노래를 하나씩 만들어내는 것처럼, 무슨 사건만 생기면 거기서 받은 영감을 브로슈어로 쓰면서 자신을 알리는 작가들이 있다. 사람들은 더는 브로슈어를 읽지 않는다. 옛날에는 이

VI　원문에 브로슈어로 명기되어 있어 그대로 옮긴다. 팸플릿(프랑스어 발음으로는 팡플레) 작가는 발자크가 별도로 다음 장에 쓰고 있다(첫 번째 종, 8개 하위 종 중 세 번째). 적어도 발자크에게는 팸플릿이 브로슈어보다 한 수 위고, 지금도 프랑스에서는 여전히 강렬한 호소를 위해 이런 소책자 형태로 글을 쓰고 출판한다. 따라서 하나의 '장르'처럼 인식하여 우리말이 아닌 원어 그대로 옮긴다.

런 것들이 정치인을 만들어줬다. 살방디 씨에 대해서는 여러 상반된 의견이 있는데, 그는 왕정복고 시절 브로슈어를 출판해 자신을 알렸다. 이 시절에는 이런 종류의 글이 정치의 꽃이라 할 만큼 유행했다. 왜냐, 그러니까, 신문에서는 모든 걸 다 말할 수 없으니까. 모부르, 오베르농, 비고 드 모로그, 몽로지에 같은 자들은 브로슈어 알을 정말 많이도 까놨고, 1830년 7월, 이 네 명은 그 덕에 모두 파리 의원으로 선출되었다. 보통 이런 브로슈어 정치가는 전문 분야를 정한다. 어쨌든 그의 전문 분야가 수면 위로 나타나야 하니 자기 브로슈어의 어디 잘 보이는 곳에, 물 위에 잘 뜨는 코르크 조각 같은 것을 놔둔다. 그래야 이른바 전문가로 인식된다. 이미 브로슈어에 쓴 기사를 신문에 싣기도 한다. 그러면서 점점 더 위상을 얻는다. 그는 제법 부자이다. 브로슈어를 쓰는 자들에게는 자선가 같은 성향이 많다. 재치가 부족하지 않은 '셰프 자크' 기자 양반 하나가 이런 말을 한 적 있다.

　　"브로슈어? 메뚜기 같은 거야. 여기저기 떼를

지어 계절마다 뛰어다니지 않던가.”

　기자는 브로슈어를 정치라는 특수한 피부에서 생기는 발진으로 여기는 것이다. 특히 중동 문제나 파리 요새 문제, 철도 문제 등이 터지면 정치의 지평을 다 시꺼멓게 가릴 정도로 브로슈어를 쏟아낸다. 신문은 브로슈어를 좋아하지 않지만 이용한다. 현안들이 거기 더 정교하게 드러나 있기 때문이다. 신문에서는 잔잔하게 쓰되 가끔 브로슈어를 인용하거나 도움을 얻어 하나의 논란을 만들어내는 것이다. 그러면 브로슈어는 명성을 얻는다. **이건 훌륭한 시민의 작품이다. 센세이션을 일으켰다. 때로는 경솔하게도 정부의 생각을 배신한 모 여권 인사를 폭로하는 결과를 낳기도 한다.**

　브로슈어에 순교를 당하는 이들도 있다. 당신은 어떤 모임에서 사람들을 만난다. 그들은 당신의 말을 아주 차분하고 조용히 듣는다. 그런데 당신이 논란 하나를 건드리자, 그들은 자극을 받았는지 갑자기 얼굴색이 변한다. 벌떡 일어선다. 그러고는 이렇게 말한다.

"이봐요, 그건 제가 브로슈어에 썼던 겁니다. 정부(또는 야당)를 계몽하려고 해봤습니다. 한데, 이건 정말 물속에서 칼을 휘젓는 꼴이지."

　　이 남자는 두 시간이나 말한다. 만일 당신이 약간만 더 밀어붙이면, 그러니까 만일 당신이 재치 있게 그에게 질문하면, 결국 이 남자의 속내를 알게 될 것이다. 그는 국가에 진 빚을 갚고 싶은 심정으로 그랬다고 하지만, 정부 내각의 어느 한자리라도 얻고 싶어 일종의 환어음을 썼다는 것이 탄로 나는 것이다.

　　이 자선가들은 감옥이나 강제 노역자, 갱생원 등에 대한 브로슈어를 써서 결국 몇몇 자리를 만들어낸다. **노동쟁의조정위원회**가 브로슈어의 마지막 발명품이다. "우리에게는 **노동쟁의조정**을 위한 재판소가 필요하다. 그다음엔 **노동쟁의조정** 재판소의 서기가 필요하고, 그다음엔 **노동쟁의조정** 법률고문이 필요하다."

3

팸플릿 작가

하위 품종 없음 | –

팸플릿 작가는 곧 야당파 작가다. 아직 프랑스에 정부 여당을 지지하기 위해 팸플릿을 만드는 자는 없기 때문이다. 따라서 팸플릿은 얼굴 두 개를 갖고 있다. 급진파 아니면 왕당파. 미지근한 물 같은 왕조파 신문들은 야당파 신문처럼 써보려고 해도 도수 높은 증류주를 만들지 못한다. 진짜 팸플릿은 천재의 외침까지는 아니어도 진짜 재능이 많은 자만이 쓸 수 있는 작품이다.

볼테르의 걸작 중 하나인 『40에퀴의 남자』와 『캉디드』가 이런 반열에 드는 팸플릿 두 개이다. 팸플릿은 대중적이어야 한다. 어떤 권력 남용이나 정치 문제 또는 정부를 향해 화승총을 쏘아 상처를 내거나 죽일 정도로 화력이 좋은 이성이나 비평이어야 한다. 진짜 팸플릿 작가는 드물다. 더욱이 상황도 잘 맞아야 한다. 그러나 어쨌든 신문보다 강력하다. 팸플릿은 농담 형태를 띠고 있으나 진정한 학문이 되고자 한다. 어떤 흠결도 없는 깃털 펜이 되고자 한다. 오류가 있어서는 안 된다. 어법은 짧고, 예리하고, 뜨겁다. 비유는 풍부하다. 바로 이 네 가지 역량이 있어야 팸플릿의 천재로 등극한다.

왕정복고 시절, 팸플릿 작가의 반열에는 뱅자맹 콩스탕, 샤토브리앙, 쿠리에, 바투 씨 등이 올랐다.

샤토브리앙 씨'는 아마도 나폴레옹에 반대하

I   프랑스 최고의 산문작가인 샤토브리앙은 브르타뉴 생−말로에서 태어난 귀족 출신 작가로, 그의 유려한 문체는 낭만주의 문학의 선구가 될 만큼 유명하다. 프랑스 혁명전쟁 당시 브르타뉴 지방은 그 특유의 역사적, 사회적 맥락 때문에 기독교 왕당파 세력들을 중심으로 반혁명파 노선을 펼쳤다. 혁명정부 국민의회에서 성직자 시민헌법이 가결됨으로써 상당수 성직자나 사제들이 주교좌를 내놓아야 했고, 고향을 떠나기 싫어하는 농민들은 혁명전

는 팸플릿을 쓴 것을 후회할 것이다. 뱅자맹 콩스탕이 쓴 『찬탈과 정복 정신에 대하여』는 너무 체계적이다. 『어느 왕녀의 모험들』은 루이 18세 헌장에 대한 오르레앙 가의 첫 발포였지만, 금세 잊히고 말았다. 쿠리에만이 팸플릿 작가보다는 문학적 기념비로 남아 있다. 진짜 팸플릿 작가는 베랑제다. 나머지 사람들도 적의 진지에 접근하는 데 도움을 주긴 했지만, 그야말로 진짜 결정적인 타격을 했기 때문이다. 그는 전도하듯 대중을 파고들었다.

오늘날 우리가 즐겨 읽는 작가는 바로 라므네 수사와 코르므냉 씨다.

코르므냉 씨의 의도는 분명히 파악되지 않아, 영역을 많이 넓히지 못하고 있지만, 그는 국가 예산을 공격하였고, 국가 예산이 정치라는 몸을 순환하는 혈액이라는 것을 누구보다 잘 알고 있었기 때문이다. 예산에서 남는 건 하나도 없고, 프랑스에 황

쟁을 위해 타국에 나가 싸워야 하는 데 대한 부담감 또는 거부감도 강했다. 브르타뉴 지방 방데에서 일어난 반란으로 나폴레옹이 지휘하는 국민방위대는 많은 민간인을 학살했다.

금비를 뿌리듯 다 뿌린다는 것도 잘 알고 있었다. 훨씬 더 능수능란하게 하려면 국가가 자산을 어떻게 쓰고 활용하는가를 토론하는 것일 거다. 더욱이 팸플릿은 무겁다. 미사여구를 쓰며 수사가로서의 면모를 발휘하나 이발사 피가로나 날렵하게 쓰는 쿠리에만큼 민첩하지 못하다. 이 방법을 계속 고수한다면, 그는 아무것도 쓰러뜨리지 못할 것이다. 위험을 감수하지 않는 것이다. 시에예스"가 팸플릿 작가 중의 왕자이긴 하다. 정치적 비수를 어떻게 찔러야 하는지 그 방법을 일찍이 보여준 바 있기 때문이다. 그에 비하면 쿠리에는 그저 유쾌한 풍자 정도이다.

　　라므네 씨는 프롤레타리아를 옹호하면서 자신

II　　에마뉘엘 조제프 시에예스(Emmanuel Joseph Sieyès 1748~1836): 온건하고 침착한 신부로, 프랑스 혁명사에서 중요한 인물이다. 1789년 프랑스 혁명을 촉발시킨 팸플릿 『제3신분이란 무엇인가』를 썼다. 그의 신랄한 팸플릿은 유독 짧고 간결했으나 폐부를 찌르는 감동적 문구로 유명하다. "제3신분이란 무엇인가? 전능이다. 이때까지 제3신분은 무엇이었던가? 전무였다. 앞으로 제3신분은 무엇이 되고자 하는가? 그 무언가가 되고야 말 것이다" 같은 문장은 지금도 회자된다.

의 영역을 넓혀갔다. 그러나 반은 마라고, 반은 칼뱅 같은 새로운 스파르타쿠스가 역겨운 신흥 부르주아지를 공격했지만, 프롤레타리아에게, 그러니까 현대 야만인들에게 적절하게 말하는 법을 알지 못했기에 실패하고 말았다. 다행히 살쾡이 같은 자들이나 부자들에게는 루터가 될 뻔한 이 자의 성서적이고 예언적인 어투가 먹혔다. 그러나 가난과 비참에 고개가 꺾인 프롤레타리아들에게는 라므네가 전하는 것들이 너무 화려하게 느껴졌을 법하다. 이 대★ 작가의 팸플릿에는 대포와 탄환 같은 통렬한 풍자가 있어야 한다는 것을 잊은 것이다. 현재 프랑스에서 제일 잘 나가는 작가가 세 명 있지만, 이들 체제는 오래가지 못할 것이다. 코르므냉 씨는 군소리가 많고, 라므네 씨는 구름 낀 듯 모호하고, 샤토브리앙 씨는 이전보다 최근에 쓴 게 좀 낫긴 한데, 더는 팸플릿을 쓸 수 없는 나이에 이르고 말았다. 가짜 안전 속에 잠들어 있는 권력 당국은 작은 몇몇 불씨가 타올라 큰 불길로 번지고 난 다음에야 작가들을 방심한 죄를 깨닫게 될 것이다.

4
공염불하는 자

이 가운데 몇 명은 통속주의자라 불린다.

그 별명은 호모 파파베르[1]이다.

일체 다른 하위 품종 없음	–

프랑스는 지루하기 짝이 없는 것도 상당히 존중한
다. 통속주의자[II], 아니 이른바 대중보급판자 역시

---

[1]   papaver는 양귀비라는 뜻이다.

[II]   이것은 이중 반어법이다. 이른바 학자 투로 어렵게 쓴 것이 대중보급판이
되고 이것을 통속적이라 하는 것이 언뜻 이해되지 않을 수 있는데, 이렇게
어렵게 써야 지성이 부족한 부르주아지가 대단한 게 있는 줄 알고 더 많이

이런 위상을 재빨리 얻어냈다. 자신이 방출하는 지겹고 지겨운 것을 기반으로 그는 대번에 **근엄한 사람**으로 통한다. 이런 치들은 너무 많다. 움푹 파인 함지 같은 상투적 논거 안에다 같은 개념을 연신 펼쳐놓는가 하면 철학과 문학이 뒤섞인 끔찍하기 짝이 없는 말들을 쏟아낸다. 종이 위에 뭐가 한가득 쓰여 있어 무슨 좋은 생각들로 넘쳐나는가 보다 하지만, 코를 박고 살펴보면 텅 빈 지하 창고 냄새가 난다. 이 함지가 속은 깊이 파여 있지만, 그 안에는 아무것도 없는 것이다. 공기가 통하지 않는 지하실 저장고에 놓인 촛불처럼 이놈의 지성이란 것이 언제든 꺼질 것은 불 보듯 뻔하다. 읽어봐도 맹탕인 것을 쓰면서 이렇게 공염불하는 자들은 현재 부르주아지에는 신이다. 그도 그럴 것이 그들 수준에 딱 알맞기 때문이다. 깔끔하고 분명하며 어떤 사고도 치지 않기 때문이다. 이 수도꼭지에서는 미온수가 **꾸르륵꾸르륵 소리를 내며 멈추지도 않고 무궁무진 흘러나**

사서 읽는 것이다. 이것은 일종의 '학자 투 병신체'이다.

올 것이다.

이제 통속주의자가 일을 어떻게 수행하는지 보자.

프랑스의 현 상황을 고찰한 후 한 사변가가 모든 것을 한 문장으로 요약했다. 가령 이런 식으로. "자유들은 있다. 그러나 자유는 없다."

이 문장 하나를 통속주의자들은 가령 다음처럼 세 가지로 만들 수 있다.

만일 자유롭다는 것을 법 없이도 사는 것으로 이해한다면, 자연계에는 어떤 자유로운 것도 없다. 따라서 사회적 질서 안에서는 아무도 자유로울 수 없게 된다. 왜냐하면 사회 질서는 자연 질서에 따르는 것이기 때문이다. 우주에는 그 법칙이 있다. 모든 동물은 자연의 법칙을 따르고 자기 고유의 본성의 법칙을 따른다. 우리가 신의 형상을 본떠 만들어졌다고 보는 개념에서, 신 그 자체도 우리가 신성이라 부르는 성격을 지니고 있고, 그 신성의 법칙에 신역시도 복종한다.

이어 헤겔, 칸트, 볼프, 셸링 등에 관해 여섯 쪽을 더 쓴 후, 이렇게 끝을 맺는다.

따라서 고정된 것, 다시 말해 존재하는 방식을 가진 것만을 우리는 파악할 수 있다. 어떤 존재가 변화를 겪을 때, 이 변화는 사물의 본성으로 들어가 자체적으로 진화한다. 그렇다고 해서 이런 변화 때문에 존재의 고정성에 대한 우리의 생각이 흔들리는 건 아니다.

그러나 만일 자유롭다는 것이 하나의 의지를 갖춰야 하는 것이고, 하나의 선택을 해야 하는 것이라면, 우선 의지가 무엇인지 설명할 필요가 있을 것이다. 좋은 정의는 철학 언어를 풍부하게 만드니 말이다.

그리고 다시 의지란 무엇인가에 대해 여섯 쪽을 쓴다.

따라서 만일 의지가 움직이기 시작하는 것, 힘을 행

사하는 것을 의미한다면, 우리는 자유롭다. 인간이든 동물이든 정도의 차이는 있지만 자유로운 것이다. 그러나 우리가 의지에 복종한다는 것을 주목해야 한다. 우리는 자연의 질서에서만큼 사회의 질서에서도 이 의지를 명한다. 그런데 또 자유란 무엇인가? 자유란, 어떤 규칙에 따라 행사하는 힘이다. 이것은 역설적으로 비칠 수 있다. 그것참, 왜냐, 자유란 로마법에서는 하나의 힘으로 정의되기 때문이다. 영문은 모르겠는데, 이런 정의는, 지난 세기 로크가 한 것으로 알려져 있다. 따라서 현재 정치의 가장 큰 어려움은 철학적으로 말해서, 이 자유라는 단어가 단지 의지를 의미하는 것인지 아닌지에 따라 좌우된다는 것이다. 의지를 따르는 모든 존재는 자유롭다고 생각한다. 만일 의지에 반해서 반응해야 하면, 노예가 된 것 같다고 생각한다. 만일 의지를 가진 게 아니라고 생각하면, 죽은 생물처럼 무력하다고 생각한다. 한 민족은, 몇몇 군대처럼, 의지로 가득 차 있어야 한다. 왜냐하면 완전한 의지를 갖춰야 자유롭다는 생각이 들기 때문이다.

따라서 정치는 -의 기술이고, -의 기술이고, 기타 등등.

이게 무슨 천재가 쓴 글인 줄 알고, 이를 읽는 부르주아는 많은 사색을 하는가 하면, 자기도 한번 이런 책을 써볼까 생각한다. 이 천재 작가인지 공염불이나 하는 자인지 모르는 양반과 같은 방에 있다고 생각하면 왠지 다 이해가 되는 것 같고, 8절 판지로 된 600쪽에 이르는 엄청난 양의 글에 탄복하지만, 이 글이 도대체 무슨 말인지 알겠는가? 도대체 이 글에 어떤 명료함이 있는가.

이들은 스탈 부인을 통해 독일을 재발견한 후, 그들도 이제 독일에 관한 다량의 책을 쓸 수 있다고 생각한다. 이런 식으로 글을 쓰는 자 한 명 정도는 잡지를 위해 필요하다. 하지만 일고여덟 명이나 된다면 너무 많지 않은가? 지금 잡지들은 거의 중도파라 이런 오스트리아적인 정서에 프랑스 지성을 남겨놔도 나쁜 것이 없다고 생각한다. 그래서 이런 공염불론자들에게 호의를 보이는 것이다. 『주르날

데 데바』에서 이런 풍의 글을 쓰는 자들은 권력층의 귀염둥이로 온갖 상황을 이용하며 이득을 보고 있다.

명제

개념이 없을수록 승승장구한다.

철학과 문학이 뒤섞인 이런 고무풍선들은 결국 정치 지평선 어딘가에 다다르게 된다.

어쨌든 권력이나 내각, 왕정에게도 그럴 만한 이유가 있다. 우리도 우리 아래 있는 자만 보호할 수밖에 없지 않나. 세기에 세기를 거쳐, 부유하게 태어나지 않았으나 우수한 자들의 인생에서 늘 결핍과 포기, 단념 등 모든 불행을 계속해서 보게 되는 것도 이래서다.

기조 씨는, 이 토착 공염불론자들의 주의 주장에 지쳤는지 결국 외국에서 한 명을 초빙했다. 이런 고급 책략을 발휘하는 것을 보면 이 정치인은 제법 재미난 생각을 할 줄 아는 사람 같다. 교수들이 얼마나 지루하게 말하는 자들인지 알기 때문에 교수 중 최고 교수 한 명과 손잡음으로써 다른 교수들을 다 제압한 것이다. 효과는 나타났다. 이미 자리 잡은 공염불론자들은, 뭐랄까, 좀 겸손해졌고, 자리를 못 잡은 다른 자들은 아무런 희망이 없어졌기 때문이다.

5

직에 연연하는 자

하위 품종 없음 | -

이 종의 개체들은 연설하든, 살롱에서 대화를 나누든, 소르본이나 콜레주 드 프랑스에서 강의하든, 아니면 어떤 연유로든, 정치에 대한 그들만의 관점을 제시하지만(어디서 빌린 거지만), 장관이 되고 싶다는 생각 외에 어떤 특별한 개념도, 기획도, 체계도 없다. 그런데도 정치인으로 통하고, 특히 논객으로 통한다. 이 슬픈 품종은 정치인과 관념적 공염불론자의 혼합 또는 그 중간쯤 된다. 이 기이한 운명은 왕정복고 초기에 생겨났는데, 이 시기 동안은 어디서 연설을 하거나 어디에 서문을 쓰면 정치인으로 통했다. 마치 13세기에 마드리갈이나 비극, 샹송, 에로이드, 아니면 서간시 하나만 써도 지성으로 통하던 것처럼 말이다. 당시 그리스의 자치 도시 보이오티아 같은 데서는 **입헌체제 건설** 같은 것만 언급해도 대단한 반향을 일으켜 누더기로 깃발을 드는 형국이었다.

이들은 프랑스라는 **피부에 달라붙어 사는 기생충으로** 공공의 부를 좀먹으며 사반세기를 살아왔다. 움직여야 또 움직여지니 프랑스라는 피부를 쓸데없이 찌르며 괴롭혀온 것이다. 자기 허영심을 채우느라 영토 확장을 지연시키고, 정복 기회도 놓치고, 사익이 공익을 지배하는 현 정치 체제의 부끄러운 모습을 잊게 할 작정으로 근질근질한 피부를 괜히 더 들쑤셔놓은 것이다. 범인凡人이란 곧 이기적인 자들이다. 지극히 범용한 것을 신격화하니 현 체제가 얼마나 반국가적으로 변했나.

파리에 온 외국인은 의회에 이렇듯 계파와 분파가 많은 것을 보고 깜짝 놀란다. 이렇듯 온갖 이름이 있으니 헷갈린다고 불평한다. 도대체 교리파는 뭐고, 순수좌파는 뭐고, 좌파는 뭐고, 중도좌파는 뭐고, 제3당은 뭐고, 중도파는 뭐고, 성城파는 뭐고, 사회당파는 뭐고, 우파는 뭔지.

그것만인가? 10월 29일파는 뭐고, 4월 15일파는 뭐고, 3월 1일파는 뭔가.

우리 궤변가들이 만든 이런 수수께끼 문자들 가운데 후기 로마제국(동로마제국)이 있다. 이 단어는 개중에 역사가들이 붙인 것에 비해 절대 뒤지지 않는다.

6

하나만 우려먹는 자

하위 품종 없음 | -

이 시기에는 부르주아 정부가 어떤 영향을 끼칠지
알아본 대여섯 명의 식자들이 있었다. 이제 이들은
귀족이나 종교에 기대는 대신 지성을 지지 기반으
로 삼았다. 그 이름으로, 아니면 그가 쓴 책으로 이
제 지성은 부르주아에게 주요한 단어가 된다. 우리
는 보통 우리한테 없는 것을 좇는 습성이 있지 않
나? 만일 그렇다면 부르주아에게는 기본적으로 지
성이 부족하므로, 이를 좇아다니며 열렬히 좋아하
는 수밖에 없다는 것이다. 누구 한 사람이 지루한
책 하나를 내면 다들 읽지도 않고 읽었다고 말한다.

이렇게 해서 부르주아도 지성인이 된다. 부르주아가 지성을 추구하는 것은 모든 것을 한꺼번에, 싸게, 얻을 수 있기 때문이다. 정부도, 왕도, 정신도, 기쁨도. 정부 성향의 도덕적이고, 철학적이고, 인류애로 넘치는 책 하나를 쓰면, 거기다 언제든 인용하기 좋은 울림 가득한 몇몇 쪽을 쓰면 그야말로 탁월한 지지대가 생긴다. 그래서 이제 그의 이름에는 이런 긴 수식어가 붙어 나온다. '**독일과 독일인**'을 집필한 파르퓌리우스 씨. 이제 이것은 하나의 칭호이자 봉토가 된다. 정말 멋진 봉토 아닌가! 이제 왕궁에서 보내준 수많은 장식품을 받게 되고, 학사원의 몇몇 사람들에게 저당 잡힌 몸이 된다. 이 군마는 어느 진지든 나가 여론 앞에 선다. 이 젊은이들은 그들 시대 그 누구보다야 훨씬 수준 높은 자들로, 집에다 8절 판짜리 300쪽 되는 책을 모셔 놨다. 과거 젊은이들이 자기 집에 창槍 300개를 보관했던 것처럼 말이다.

그래도 이 능수능란한 자를 찬미해야 한다. 이 **황금 이빨**을 가지고 무엇에 매달려야 하는지 아는

114

유일한 자이기 때문이다. 그들은 **황금 이빨**로 세계
를 차지했다고 믿지만, 세계는 절대 이 이빨 차지가
되지 않는다. 우리가 여기서 그들을 포함하는 것은
그들이 정치인에 속하기 때문이다. 결국 그들은 의
회 의석에 앉게 되고, 이어 이런 문제를 다루기 시
작한다. 제당, 철도, 운하 및 농업 문제 또는 백인과
흑인 문제. 그 밖에 중대한 산업 문제나 유럽의 동
향 및 기타 등등.

7

번역 기자

하위 종은 사라짐 | -

과거 신문사들은 외국 소식을 번역하고 이를 **파리 신문의 사설**에 싣는 특별 전담 기자를 한 명씩 고용했다. 이는 1830년까지 지속되었다. 난타전 속에 『주르날 데 데바』의 번역 기자가 외무부로 향하면, 신문사는 그에게 "좋다, 가라!"하고 응원해 주었다. 그런데 오늘날에는 그저 부르크네 씨 또는 부르크네 남작 아니면 거의 대사 양반이 되었다. 이후부터 파리 신문은 모두 같은 식의 번역 기자를 두고 있다. 신문사에는 이제 요원이나 통신원이 없다. 모두 장-자크 루소가'에 있는 아바스 씨 사무소에 번역 기자를 보내 외국의 최신 소식을 받으면 되기 때문이다. 물론 가장 새로운 소식은 구독료를 제일 많이 낸 곳에 **먼저** 준다. 번역 기자는 구독자들의 구미에 맞게 받아온 기사에 약간 소스를 가미한다. 그 결과 바르셀로나 폭격 소식이 『콩스티튀시오넬』에는 아무것도 아닌 하찮은 기사로 나가지만, 『라 프레스』나 『르 나시오날』에는 근대의 가장 잔혹한 행위 가운데 하나로 보도된다.

ı 파리 1구에 있는 이 거리는 13세기 초부터 난 길이다. 과거 여러 이름으로 불리다가 훗날 장-자크 루소의 이름을 따서 명명되었다. 루소는 1750년부터 1756년까지 부인 마리-테레즈 르 바쇠르와 함께 이곳 3번지 4층 건물에 살았다. 68번지에는 '오텔 뒤팽'이라 불리는 뒤팽 저택이 있는데, 슈농소 성의 영주인 클로드 뒤팽이 이 건물에 거주한 이래 특히나 명성이 자자했고, 루소는 뒤팽 부부의 비서로 1745년부터 1751년까지 이 건물을 드나들었다. 저택은 당시 파리 최고 지성들과 사교계 인사들이 드나들던 살롱으로 볼테르는 물론, 마리보, 몽테스키외, 뷔퐁, 마블리, 콩디약, 로앙 공작녀 등 여러 유명 인사들이 출입했다. 이밖에 『주르날 드 파리』 같은 신문사도 이곳에 있었으며, 루소는 훗날 이곳 52번지, 56번지, 60번지 등으로 몇 차례 더 이사를 했지만, 사망할 때까지 이곳 거리를 떠나지 않아 지금까지도 루소의 거리로 유명하다.

8

신념 작가

3개 품종	1	예언자
	2	무신론자
	3	맹신자

제1품종

예언자

파리가 정말 재밌는 것은 거대한 마법의 초롱을 통해 모든 것을 볼 수 있기 때문이다. 한편, 언론에는 마호메트가 존재한다. 모든 마호메트에게는 새로운 신이 필요하다. 살아 있는 신을 용인하는 것은 어렵기에, 영국 선술집이나 카타콤베 같은 데로 가죽은 자들을 신격화한다. 그래서 우선 생시몽주의를 만들어낸 생시몽을 골랐다. 생시몽주의는 무료 신문을 통해 전파되었는데, 위대한 사상이 아주 우스운 모양새가 되어 결국 사라지고 말았다. 『글로브』를 중심으로 모인 일련의 사람들은 상당히 탁월했다. 그들은 여태 잘 쌓아온 이력을 가지고 모인 것이기 때문이다. 생시몽주의는 전락했지만, 여전히 파리에는 예언자들이 있다. 이들을 보면 정신 질병의 징후를 파악할 수 있는 계기가 된다. 예언자들은 한때 상당한 정치적 결과물을 만들어냈지만, 지금은 모든 것이 토론 주제가 되는 시대이고, 반신半神은 중재재판소로 보내지는 시대이니 더는 영향력이 없다.

도둑질은 끔찍한 상황에서만 자행되고, 배고파서 죽는 사람이 있다면 자기 고집 때문이다. 왜냐하면 우리는 경제 가마에 늘 먹을 걸 끓이고 있는 시대에 살고 있기 때문이다. 파리에서는 적어도 굶어 죽는 사람이 없도록 푸른 망토를 입은 자선 단체들이 움직이기 때문이다. 서로 대충 다 알고 지내는 지방에서는 사람을 배고파 죽게 만들지 않는다. 그러나 잡보를 다루는, 상당히 야생적인 『카나르』에는 아직도 잡담란이 마련되어 있다. 선지자는 머리털을 곤두세우고 매우 씩씩하게 이런 기사를 내보내는데, 마지막은 이렇게 끝난다.

그런 사실이 일어났다. 우리 지도자가 만든 제도가 실현됨으로써 최소한의 생산량이 확보된다면, 주민 각자가 잘 살아갈 수, 아니 아주 잘 살아갈 수 있을 것이라 확신한다.

지도자께서 프랑스 국민 한 사람에게 4백 프랑의 연금을 약속했는데, 프랑스 인구가 약 3천 6백만임을 고려하면 1년에 최소 144억 프랑을 생산해야 하는 셈이다. 더욱이 연금을 충당하려면 1인당 평균 4백 프랑은 벌어야 한다(지도자께서는 우박이나 홍수, 가뭄, 서리, 가뭄 같은 게 없어야 이걸 보장해줄 수 있을 것이다. 그러려면 달님과 먼저 합의를 봐야 할 것이다).

만일 파나마 지협을 없애는 문제를 말해야 한다면, 예언자는 우리 지도자의 정책을 제시하며 결

국 유럽에 거대한 보병 부대 같은 게 창설되면 가능할 것이라고 말한다.

그러면서 국방부 장관이 지출하는 비용을 맹렬히 비난한다. 그리고 1년에 3억 프랑은 절약할 방안을 제안하는데, 각 지방에서 4백만 프랑 정도만 드는 가건물 막사를 건설하면 유럽 전체가 그 방법을 앞다투어 채택할 것이고, 특히나 산림 자원이 풍부한 국가들은 아주 예쁜 오두막을 짓는 데 백 에퀴도 안 들 것이라고 주장한다. 더군다나 프랑스 사회의 모든 악은 프랑스에 수도원이 3만 6천 개 이상 되지 않아서라고 말도 안 되는 주장을 한다. 기본 자재와 가구까지는 헤아리지 않아도 아무리 적어도 그 많은 수도원을 짓자면 1천 300억 하고도 몇십억은 들 것이다.

누군가가 암살되면, 예언자 신문은 우리 지도자의 정치 체제에서는 그런 암살이 불가능하다고 주장한다. 그 이유인즉슨, 정치 체제에서는 자기 열정을 다 만족시키기 때문이다. 이들 교리는 베르길리우스의 시구 **"누구든 자기 쾌락에 이끌려 살 것이다"**

에 기초한다. 살해 욕망이 있는 자는 푸줏간 주인이 되어 가금류를 살해하면 되고, 수전노는 은행원이 되면 되고, 아이들은 접시를 핥아 그릇을 깨끗하게 만들면 된다는 것이다.

이토록 다양한 교리를 내는 신문들이 발행되지 않았다면, 비록 해로운 틀 안에서이긴 하지만 프랑스에 이토록 넘치는 재능과 건전하고 현명한 영혼과 비평 정신을 가진 자들이 많은지 미처 몰랐을 것이다. 왜냐하면 이런 혁신가들에게는 어쨌든 어마어마한 기운이 넘쳐나기 때문이다. 사회적 병리 현상이긴 하지만 이들이 때론 기발하고 나름 정확한 발상을 해낸 것도 사실이다. 그러나 이 모든 게 메마르고 척박하고 짜증나게 만드는 상투적인 표현법으로 점철되어 있어 좋은 결과를 내지 못하고 말았다.

제2품종

무신론자

고매한 환상에 잘 속는 귀족, 그러니까 앞에서 말한 예언자 옆에는 항상 지극히 쓸모가 많은 무신론자가 있다. 한마디로 이 자는 사상을 이용하는 사업가이다.

명제

예언자는 천사를 보지만, 의심 많은 무신론자는

이 천사들을 대중에게 보여준다.

신념 있는 무신론자도 있다. 그런데 이 자의 신념은, 사상은 쓸모가 있으며, 더불어 사상을 잘 선전만 하면 성직자의 힘 이상을 지닌다고 생각하는 것이다. 만일 돌이 단단해서 소화하기 힘들다면, 그 돌을 채소에 싸서 먹으면 된다고 생각한다. 한마디로 말해 무신론자는 연단을 덜 단단한 마분지 상자로 만들 필요가 있다고 본다. 물론 연사가 올라가 말을 하고 알리기도 하는 연단이다. 매사에 반신반의하는 무신론자들은 대개 섬세한 감각과 지능이 있어 속세가 좋아할 만한 논의를 만들어내며 새로운 신도들을 착실히 모으는 일에 뛰어나다. 보통 예언자가 패배하는 지점이 여기다. 예언자들은 이렇게 소리쳤는데 말이다. "대사상을 말해도, 사회적 개혁을 말해도 다들 이해를 못하는군!" 그러나 청원과 탄원의 장인이 된 이 무신론자는 이렇게 말한다. "우리는 똑똑한 자들을 모았다. 그러기 위해 뭔가 할 일이 있었다."

제3품종

맹신자

이른바 맹신자는 여전히 젊은 기운이 넘친다. 자기가 열정이 많아서 그렇다고 믿는다. 길거리에서도 설교하고, 극장에서도 설교하고, 늘 열성이다. 달빛 아래 자라나는 꽃들의 냄새를 맡는다. 지도자에 대

한 열정 역시 지독해서 어떤 장애물도 없다. 무분별할 정도로 헌신적이다. 인류를 위해 자기 목숨을 바친 예수 그리스도 같다. 솔직하다면 솔직한 이런 맹신자들은 우리 시대 현상 가운데 하나다. 열정을 가장해서 연기하는 자들과 순수한 이들은 구분해야할 필요가 있지만, 이런 무리 가운데는 언론인도 있다. 물론 희귀한 만큼 숭고한 면도 있다. 거의 신앙에 가까우니! 파리에서는 매우 드문 현상이다.

그런데 몇 년 사이 이런 독특한 유형 세 가지도 이기심의 풍조로 사라지고 말았다. 너무 뜨거운 열정을 쏟게 한 나머지 삶을 앗아간다는 비난 속에 영웅주의는 결국 자리를 못 잡긴 했지만, 한때 펜이나 모라브 형제 같은 사람을 만들어내기도 했다. 그러나 이런 자들이 더 나오지 않는다. 불타는 듯 열변을 토하는 예언자는 아마도 국회의원일 것이다. 아마도 해군들의 수당을 요구하며 국회를 뒤흔들것이다. 그래서 마르키즈 섬의 어떤 직에 임명되어갈 수도 있다. 맹신론자는 자기 신앙에 은신하거나자기 고향에 은신할 것이다. 10년이 지나 누군가가 예전엔 한 식당에 가서 각자 6프랑을 내고 식사를 하며 지도자의 연설을 듣곤 했다고 한다면, 달나라 얘기를 듣는 양 놀랄 것이다. 그 달나라에는 배를 달'에 바짝 붙이고 사는 생물체가 있는 거냐고 놀려 댈 것이다.

---

1   여기서 '달'은 '태양'과 대조되는 비유적 의미로 앙드레 질 등의 풍자지 제호에도 등장한다. 태양처럼 강력한 빛은 아니지만 권력을 가진 지도자를 의미한다고 볼 수 있다.

두 번째 종

비평가

일반적으로 비평가들의 성격에는 주목할 만한 게 있다. 능력 없는 작가가 비평한다는 점이 바로 그것이다. 창작할 능력이 안 되는 비평가는 하렘 같은 곳에서 벙어리처럼 산다. 이 벙어리 가운데는 나르세스[I]나 바고아스[II] 같은 자들도 있다. 일반적으로, 비평가는 책을 출판하면서 경력을 밟아 가는데, 프랑스어로 글을 쓸 줄은 알지만, 특별한 개념이 있는 것도 아니고 성격이 있는 것도 아니다. 흥미가 일지 않는 고만고만한 책이다.

옛날에는, 비평가가 되기 위해서는 학식과 경험, 긴 공부가 필요했다. 그래서 시간이 좀 걸려야 비평 작업을 할 수 있었는데, 지금은 몰리에르가 말한 것처럼 **우리가 모든 걸 다 바꾸었다.** 대번에 비평가처럼 굴면서 게임 규칙을 다 파악했다고 말하지만 정작 게임을 할 줄 모르면서 단박에 비평을 시작하

I   나르세스(Narses): 비잔틴제국 유스티니아누스 1세 때의 장군이자 환관.

II   바고아스(Bagoas): 기원전 4세기 페르시아제국 시절의 환관으로, 자신을 견제하던 아르타크세르크세스 3세를 암살하고 아들을 왕위에 올리지만, 이 왕도 나중에 암살당하고, 결국 그 자신도 독살당한다.

는 자들도 많다. 스무 살밖에 안 된 젊은이는 닥치는 대로 아무거나(이에 대해서는 「금발의 젊은 비평가」를 보라) 골라 비평한다. 요즘 비평가는 비평 형식도 다 바꾸었다. 이제 생각이나 개념이 중요하지 않다. 그냥 비판만 해서 상처를 주면 되는 것이다. 오늘날의 비평가는 베르트랑이라는 인물에 의해 완벽하게 구현된 바 있는데, 이 자는 『로베르 마케르』[III]라는 희극의 주인공이다. 주주株主인 고고 씨가 계산서를 요구하자, 베르트랑은 일어나서 이렇게 말한다. "아, 그러면, 우선 고고 씨가 얼마나 너절한 분인지 알려드리죠." 과거 현명한 비평가들은 가끔씩 마지막에 이런 말을 하면서 비평을 끝냈지만, 요즘 비평가들은 우선 이런 말부터 시작하고 보는 식이다. 그러고 보면, 자고로, 헐뜯는 게 비평의 이유가 된 것이다. 오늘날은 물질만능주의 사회가 되면서 비평

[III]   이 작품은 1823년 창작되어 처음 상연되었고, 이후 계속해서 연극 작품이나 풍자화, 삽화, 판화, 더 나중에는 영화로도 각색되었다. 로베르 마케르는 양심 없는 사기꾼의 전형이며, 베르트랑은 로베르 마케르의 동료로 가령 돈키호테의 환상을 반박하면서도 돈키호테를 돕고 돈키호테에 자신을 이입하는 산초 같은 인물이다.

가가 무슨 사상이나 작품, 출판사가 반드시 거쳐야 할 세관 같은 게 되어 있다. 한마디로, 통행세를 내라! 이거다. 통행세를 내면 어리석고 유치찬란한 것도 매력적으로 봐준다. 반면 위대한 작품에는 채찍질을 하고, 비방의 나팔을 불고, 가면을 쓰고 검을 휘두른다. 비평가가 변질된 게 아니라, 그저 같은 종류들만 좋아하는 것이다. 범상하고 시시한 것만 쓰다듬고 애지중지한다. 이런 비평가는 스스로 말 잘 듣는 착한 아이라고 생각한다. 남을 아프게 하는 건, 자신만의 사변이 있는 게 아니라, 대중이 그걸 좋아하기 때문이다. 매일 아침 서너 명의 작가들을, 우스꽝스럽고 맛있는 자고새 꼬치처럼 구워 대중에게 갖다 바쳐야 하기 때문이다. 비평가는 당신 작품이 정말 뛰어나게 재밌고 수준 높은 취향이라면서 당신과 악수한다. 그렇게 친구 같이 굴다가 어찌된 일인지 기사를 쓸 때는 독침으로 당신을 콕콕 찌를 것이다. 파리 어느 신문에서는 찬사를 하다가 런던 어느 신문에서는 당신을 거의 죽여 놓을 것이다.

명제

오늘날 비평은 단 한 가지를 위해 쓰인다.

바로 비평가를 먹여 살릴 것.

1
구식 비평가

이런 비평가는 지금은 어디 가고 없어,『주르날 데 사방』이나『콩스티튀시오넬』같은 지면이나 몇몇 모음집 같은 데서나 볼 수 있다. 노아의 방주 같은 이 구닥다리 글은 혜성처럼 나타난 엘슬레나 카를로타 그리시, 타글리오니' 같은 새로운 스타일의 무용수들 옆에서 아직도 춤을 추는 마드무아젤 노블레의 춤 같다. 합법적이라고 할 테지만, 똑바로 걸어가면서 질서를 파괴하는 자라고 할 만하다.

ㅣ　당시 프랑스 무용계에서 활동하던 외국 무용수들이다.

이 비평가는 판사가 판결에 의무를 다하듯 사상에 의무를 다해야 한다고 믿는다. 이 양반이 옳긴 하다. 상처를 주기보다는 아테네식 우아한 말투로 우스갯소리를 하기 때문이다. 그는 결코 인신공격을 하지 않으나 자신이 심술궂다는 것만큼은 확실히 보여준다. 오로지 어떤 야망으로, 자신의 삶을 온통 글에 바쳤으니 적어도 자기는 아카데미 프랑세즈에 들어갈 만한 권리가 있다고 생각한다. 이것은 마치 20년간 사법부 행정직에 있었으니 재판관자리 하나쯤 앉을 수 있다고 생각하는 것과 같다. 그는 정직한 사람이긴 하다. 적어도 어디서는 찬성하는 글을 썼다가 어디서는 비판하는 글을 쓰는 것을 명예롭지 못하다고 생각한다. 어떤 신문을 위해서나, 어떤 힘있는 친구를 고려해 자신이 별로 인정하지 않는 책을 비평해야 하는 경우, 제목에 전치사 'sur'"을 붙인다. 자, 이것이 그의 이론이다. 그

Ⅱ   'sur'는 '-위에'라는 뜻에서 파생하여 약간 사이를 두고 그 위에 걸쳐 있거나 의지하는 느낌이 드는 전치사다. 보통 '-에 관하여' 또는 '-에 대하여'라고 번역되지만, 이 번역어도 그 의미가 충분히 전달되지는 않는다. 프랑스에서

는 다음과 같은 세 가지 형태를 고수한다. 인정하는 작품일 때는 'pour', 인정하지 않는 작품일 때는 'contre'[III], 그리고 방금 말한 것처럼 애매한 경우는 'sur'. 『주르날 데 데바』는 30여 년간, 사상과 정신이 풍부하고 재능이 많으며, 양심도 있고 학식도 깊은 이런 괜찮은, 그러나 구식 비평가들의 둥지였다. 여기에 글을 쓰는 비평가들은 일종의 비평가 무리를 형성해 활동해 왔다. 그런데 얼마 전, 옛 최후의 로마인이 죽었다. 바로 뒤비케[IV] 씨다. 그는 금발의

는 논문이나 비평 제목을 달 때 전치사가 무엇이냐에 따라(가령 Sur, de, pour, autour de, au bord de) 비평 및 연구 대상을 대하는 저자의 자세나 태도가 미묘하게 투영되어 있다. 또한 관사를 정관사를 붙이느냐, 부정관사를 붙이느냐, 부분관사를 붙이느냐, 또는 명사를 단수를 쓰느냐 복수를 쓰느냐에 따라 이미 어느 정도 관점이나 세계관이 반영되어 있을 수 있다.

III pour는 '–를 위하여' '–를 향하여', contre는 '–에 반대하여' '–에 대항하여' 라는 의미이다.

IV 피에르 뒤비케(Pierre Duviquet, 1765~1835): 프랑스의 정치인이자 법률가, 언론인이다. 젊은 시절 수도원 학교의 교사를 지내다 1789년 프랑스 혁명이 일어나자 변호사가 되기 위해 사제복을 벗는다. 나중에는 법복도 벗고 정치인으로 변신한다. 나폴레옹의 쿠데타가 일어나 나폴레옹 정부가 들어서자 당시 배후의 실력자였던 조제프 푸셰의 보호를 받으며 법무부 서기장까지 오른다. 1814년에는 신문 『주르날 데 데바』를 맡아 진두지휘하기도 했다.

청년 비평가들을 보자마자 얼마나 눈이 부시고 어지러웠는지 모른다. 뒤비케 씨는 그래도 양심 있는 구식 비평가의 마지막 인물이다. 왜냐하면 펠레츠와 제이는 아카데미 회원이 되자 그 이후로는 거의 글을 쓰지 않았기 때문이다. 피에베 씨는 이미 오래 전 모래 싸움터에서 은퇴했고, 선배들을 계승할 자로 부름 받은, 고故베퀴에 씨는 그다지 많이 쓰지 않았다. 삶을 즐겼던 이 탕아는 뒤쏘, 호프만, 콜네, 보날드, 투레유 등이 뒤비케 씨를 계승하겠다며 걸어간 길을 재빨리 포기했다. 오래된 암석 같은 비평가는 두 가지 유형이 있다. **대학교수 형과 사교계 인사 형이 그것이다.**

제1품종

대학교수

그렇게 다작은 아닌 이 품종의 비평가는 일단 책 한 권을 손에 쥔다. 그걸 읽고, 공부하고, 저자의 생각

을 다음 세 가지 기준으로 검토한다. 무슨 생각이 담겼는지, 실제로 어떻게 썼는지, 문체나 스타일이 어떠한지. 한 달 정도 지나면 작품 전체를 분석하면서 항목을 세 개로 나누어 글을 쓰기 시작한다. 목재 장인으로 유명한 불 씨가 가구를 만들듯 비평을 하는 것이다. 석 달 후 그 책이 거의 잊힐 만하면, 양심적인 구식 비평가는 이번에는 훨씬 양심과 정성 가득한 무거운 비평을 가져온다. 라틴 가의 저 높은 건물 서재에 틀어박혀 책 속에서 너무나 많은 것을 보았으므로 현실과 현재를 바라볼 생각은 하지 못한다. 이제 그는 검은 의복을 입게 될 것이고, 레지옹 도뇌르 장식 훈장을 달게 될 것이며, 도미노 놀이를 할 것이다. 대단한 야망을 지니지는 않았지만 연금으로 집사를 두고 살 것이다. 그는 젊은이를 좋아하고, 그들의 성공을 예언해주나 예언은 늘 틀릴 것이다.

제2품종

사교계 인사

이 자는 세태 변화에 놀라면서도 자신이 살고 있는 세기와 함께 잘 걸어간다. 파리 거리를 걷다 보면, 박제된 것처럼 멍하게 거리를 돌아다니는 새 한 마리를 볼 수 있을 것이다. 이 자는 신문 같은 언론 따위에는 관심 없다. **랍수스 플루마에**Lapsus Plumae`, 그러니까 깃털 펜을 날려봤자 오류투성이인 기사들이나 때 낀 것처럼 지독하게 무식하고 억지 가득한 타르틴 덩어리 사설들은 전혀 그의 취향이 아닌 것이다. 제정 시대의 현자 같은 그는 진솔하게 자신이 다른 세기 사람임을 인정한다. 성공도 다 한때였고 과거를 추억하며 유유자적 기분 좋게 살아가려고 애쓴다. 그는 제국 시절의 모든 일화를 다 꿰고 있

ⅴ   라틴어 lapsus는 구멍, 실수, 오류라는 뜻이고, plumae(플루마에)는 깃털이라는 뜻이다.

다. 반은 슐레겔[VI] 같고 반은 퐁탄[VII] 같은 이 용감한 자는 정기 간행지의 주필로 가 있거나 몇몇 공직을 맡기도 했다. 옛날에는 글만 쓰고는 먹고살 수 없다는 것을 정부가 잘 알아서 챙겨줬기 때문이다. 요컨대 이 유형은 앞의 유형보다는 이점이 있는데, 글을 쓰지 않아도 먹고 산다는 것이다. 최근 나오는 현대 작품을 무시하면서도 고단수의 예의와 친절한 말로 이를 감춘다. 자신의 고만고만한 지성을 자책할 때도 있다. 여전히 여자들의 뒤꽁무니를 쫓아다니는 천상 남자다. 이 극장 저 극장 드나들며 세상에서 가장 아름다운 치아와 머리칼을 산다. 그는 정말 사랑스럽고 상냥하여 누구나 좋아하는 친구이자 동료인데 어떤 부르주아는 그가 과거 제국 시절 무

VI   프리드리히 폰 슐레겔(Friedrich Schlegel, 1772~1829): 독일 낭만파의 창시자 이자 문학사가, 평론가, 철학가이다. 그의 비평 방법론은 문학비평 및 해석의 탁월한 모범이 되었다.

VII   루이 드 퐁탄(Louis de Fontanes, 1757~1821): 작가이자 정치가로 지나친 문학 이론을 반대하며 라신과 페늘롱의 후계자를 자처하는가 하면 다 개혁하면서 파괴하기보다 원래 있던 것을 잘 유지하고 보존하면서 완벽을 기했던 앙리 4세나 조지 워싱턴 같은 정치 스타일을 찬미했다.

슨 지사라도 지낸 줄 안다. 옷을 너무나 잘 입고 우아하며, 너무나 많은 극장을 다니고, 이 살롱 저 살롱 다 나타나니 풍자화로 그리기 딱 좋은 유형이다. 그는 또 오래 알고 지낸 남자친구 여자친구도 많아 소위 '문학가'라고 명명하기 딱 좋은 유형이다.

금발의 젊은 비평가

3개 품종	1	부정꾼
	2	익살꾼
	3	아첨꾼

파리는, 당분간 조롱할 게 전혀 없을 때, 모든 것을, 심지어 자기 자신까지 조롱하는 경향이 있나 본데, 앞에서 말한 대로 "아, 그러면, 우선 고고 씨가 얼마나 너절한 자인지 알려 드리죠"라는 말부터 시작하는 비평가에게 바로 이런 별명을 붙여줄 수 있다. 따라서 금발 비평가가 되기 위해 반드시 머리가 금발일 필요는 없다. 검은 머리여도 상관없다.

제1품종

부정꾼

이 비평가는 한 소녀와 건물 5층 어딘가에서 동거하는데, 기본적으로 도덕적이어서 가끔 지붕 위에다 대고 이렇게 소리 지른다. "도대체 우리는 어디로 가고 있는가?" 이런 그가 결혼하면, 섭정 시대 사고방식'으로 돌아가 상식에 어긋나는 어마어마

I   프랑스 왕조사에서는 왕자가 어리거나 대가 끊어질 위기에 처했을 때 섭정을 하는 사례가 상당히 많았다. 특히 프랑스인은 Régence(섭정), 즉 앞 철자를 대문자로 쓸 만큼 유명한 섭정 시대가 있었다. 바로 17세기 절대왕정의 꽃을 피운 루이 14세가 사망한 후 아들, 손자 등이 모두 일찍 병이나 사고로 사망하자 그 증손자가 대를 이은 루이 15세 시대이다. 어린 왕자를 대신해 필리프 도를레앙(루이 13세의 손자)이 정치를 했다. 이 당시 로코코 시대가 도래한 것으로도 알 수 있듯이, 가식적 예의와 속박으로 가득 찬 절대군주제 사회로부터 해방된 느낌을 만끽하며 자유와 방탕을 구가하는 이른바 '우아한 방탕, 세련된 악덕, 추잡한 정사'의 시대가 도래 했다. 필리프 도를레앙은 장녀이자 매력적인 정신박약자 베리 공비와 근친상간을 했다는 소문까지 있었다. 볼테르는 이를 시로 써서 소문을 내고 바스티유 감옥에 투옥되는데, 감옥에서 귀족들에 대한 분노로 자신의 이름을 본명에서 볼테르로 바꾸기도 한다. 본명은 '프랑수아-마리 아루에'인데, 아루에(Arouet)를 발음하면 언뜻 'à rouer'로 들리기도 했다. 루에(rouer)는 수레차를 끌고 다닌다는 뜻으로, 당시 차형은 실제로 있었던 형벌이다. 훗날 볼테르가 「관용론」을 쓰는 동기가 되는 장 칼라스 사건에서 칼라스가 실제로 억울하게 차형을

146

한 일도 변호하기 시작한다. 이제 겨우 글깨나 쓸 줄 알게 되었으면서 완전무결한 순수주의자인 듯, 어떤 책이 나름 아름다운 문체를 가지고 있으면 그것을 부정하고, 어떤 아름다운 구도가 보이면 또 그것을 부정한다. 있는 것은 부정하고 없는 것은 칭찬한다. 이게 그의 방식이다. 창작자가 세면, 센 지점을 잘 살피면서 실질적인 장점을 알아본 다음, 바로 그 장점을 비난의 근거로 삼는다. 이렇게 말하면서 말이다. "그건 아니다." 사귀는 정부에게 작품들을 읽혀 정부가 해주는 분석을 채택하기도 한다. 전날 정부한테 들어서 안 것을, 다음 날 당신에게 다시 토해내는 것이다. 따라서 그는 순수주의자, 도덕주의자, 그리고 부정주의자다. 이 강령을 절대 포기하지 않는다.

당했고, 볼테르는 이에 분노한다. 귀족과 왕족의 비열한 행위를 폭로하며 사상의 다이너마이트를 터뜨리는 18세기 계몽주의 사상가들의 시대는 이렇게 온다.

제2품종
익살꾼

이 멋진 품종은 계속해서 농담을 해대느라 사실을 뒤바꾸기도 하고 주인공 이름이 헷갈려 별 볼 일 없는 사람을 재능 많은 자로 둔갑시키며 책 한 권을 서평한다. 익살꾼은 배우나 작가, 무용수, 가수, 삽화가를 소재로 삼는 것을 좋아한다. 어느 분야에서나 일하고 모든 것에 대해 쓴다. 예술에 대해 전혀 알지 못하면서 예술에 대해 말한다. 산업 박람회나 아카데미 프랑세즈 강연회, 왕실 발레에 대해서도 쓴다. 정작 이런 행사에 발도 들여놓지 않았으면서 말이다. 존경받는 고령의 인물에 대해 쓰면서 너무 이른 나이에 죽어 애석하다며 서른여섯 살짜리에 대해 말하듯 쓴다. 이어 한 젊은 남자에 대해 쓰면서 거의 백 살은 살았다고 말하기도 한다. 가까이 지내는 누군가가 라파엘로가 피티 궁의 〈유디트〉를 그린 게 아니라고 지적하면 그는 웃으며 이렇게 말한다.

"아는 것도 많으셔!"

금발의 젊은 비평가는 친구도 많다. 이 친구들은 계속해서 그에게 기쁨의 호산나[II]를 불러주는가 하면, 신나게 흐트러져 사는 인생 또한 그와 공유한다. 저녁 식사를 했는데 또 밤참을 먹으러 또 나가고 어느 모임이나 어느 당이나 다 낀다. 일년 내내 논다. 1월 2일 시작된 카니발 축제를 즐기다가 12월 31일 생-실베스트르 축일까지 논다. 그래서인지 금발의 젊은 비평가는 수명이 길지 못하다. 젊고 우아한데다 첫 책까지 출간한 청년을 보면 당신은 그가 정말 비범하다는 생각이 들 것이다. 왜냐, 중학교를 나오자마자 병아리콩 꽃 같은 문학적 재능을 꽃피워 소설 한 권이든 시집 한 권이든 냈으니 말이다. 그러나 그는 이제 곧 시들고 한 물 간다. 그의 눈빛 역시 지성만큼이나 다 꺼져 있을 것이다. 천일야화에 나오는 나라에 가서 총영사가 되

II   호산나(Hosanna)는 히브리어로 '구원과 은총'이라는 뜻으로 유대 종교 행렬 의식에서 외치는 환호 또는 기쁨의 기도이다.

어 있을 수도 있고, 아니면 단호하게 문학을 내려놓고 지방에 가서 자리를 잡아 무슨 건물주가 되어 있거나 더도 말고 덜도 말고 편물점 주인이 되어 있을 수 있다. 언론계 은어에 따르면, 그 뱃속에는 무능감, 시샘, 질투, 절망 말고는 아무것도 들어 있는 게 없다.

제3품종
아첨꾼

모든 신문사에는 담즙이 없는지 신랄하지도 않고 그저 온화한, 그래서 칭찬만 도맡는 소년 같은 평론가가 있다. 그는 비평을 순도 100퍼센트 우유를 만들 듯 한다. 그의 문장은 동글동글하고 가시 돋친 게 하나도 없다. 한마디로 칭찬하기 위해 글을 쓴다. 무한대로 재간 넘치는 칭찬을 해대니 살짝 기분이 상하는 칭찬이다. 그에게는 만능 요리법이 있다. 장미잎을 곱게 찧고 빻아서 당신을 혼미하게 만들어 3단 기사 위에 자빠뜨릴 수도 있으니 그러면 향수 냄새 진동하는 미소년의 은총을 받아 그러려니 하시라. 그가 쓴 비평은 손에 향로를 들고 있는 성가대 소년 합창단 같은 순수로 진동한다. 싱겁기 그지없는 비평이나 당사자에게만큼은 정말 기분 좋은 글이다. 신문사 편집국장은 이런 종의 기자를 손아래 두고 있으면 행복하다. 누군가를 이루 말할 수 없을 만큼 무한히 칭찬해야 할 일이 생기면 바로 이 아첨꾼을 투입하면 되기 때문이다. 불행한 것은, 오래 하다 보면 꼬리가 밟힌다는 것이다. 결국 구독자들이 눈치 채고 더는 성체용 무교병을 먹지, 아니 읽지 아니한다. 또한 작가들도 이런 아첨꾼의 말에 위협을 당하느니, 그러니까 내 말이 클라랑스처럼 달콤한 포도주 통 안에서 죽어 가느니, 차라리 자객에게 단칼에 맞아 죽는 편이 낫다고 생각한다.

비평계의 수도참사회원인 익살꾼은 어디서든 좋게 보고 어디서든 환영 받는다. 사랑받고, 착할 뿐이다. 이런 자신을 나무랄 법도 한데, 그런 약간의 냉혹함도 없다. 그래도 가끔 냉혹해질 때가 있는

데, 그러니까 약간 반항할 때가 있는데, 순간 왜 이런 반항하는 마음이 생기는 거냐며 자신을 나무랄 때다. 그럴 때만 빼면 그의 인생은 늘 축제다. 다 만족한다는 것 자체가 허세로 그야말로 이런 허세로 충만한 것이다. 자기를 불러주는 신문사면 어디든, 어떤 글이든 다 쓰는데, 특히 유식한 체 하는 여류 작가들 작품이라면 기꺼이 써 준다. 하지만 늘 나쁘게 말하는 것보다 늘 좋게 말하는 것이 더 어려운 일이다. 어떤 사람들은 그를 바보 멍청이라 놀려대지만, 그래도 이 익살꾼은 작은 소설이나 작은 시집도 낸다. 가끔은 **제법 잘** 쓴 단편도 내서 올해의 책으로 선정되어 『킵세크』[III]로 재출간되기도 한다. 그의 이름이 유명 인사 목록에도 들어가 투기꾼의 이용 대상이 된 건지, 사람들이 전혀 모르는 신문사에서 일하는 사람으로 소개된다. 익살꾼 비평가는, 이른바 문학계에서 일하는 사람으로 알려져 있어 그

III   Keepsakes: 낭만주의 시대에 유행한 것으로, 한 해를 맞는 송년 모임에서 지인에게 주로 선물하는 삽화 앨범으로 호화 장정으로 만들었다.

의 고향에서는 그를 위인처럼 떠받든다. 파란 많은 청춘을 보내고 사실 무명이나 다름없는 비평가의 삶을 살다가 젊은 여자와 결혼하는 행운이 따르기도 하는데, 이 여자는 남편 덕에 유명한 사람이 되고 싶어 미쳐 죽겠는, 참으로 기상천외한 꿈을 가진 여자로, 신은 관대하다면 관대하고 그러나 잔인하게 이 여자를 벌한다. 정말 완벽하게 솔직한 남자를 남편으로 얻게 되었지만, 거의 정신 착란에 이를 정도로 동경하고 꿈꾸었던 그 명성이 그녀에게 생길 기미는 전혀 보이지 않기 때문이다.

3
대비평가

제1품종
사형 집행인

이 비평가는 단 한 마디로 설명할 수 있다. 지루함.
소년은 자기가 지루한 것도 모자라, 남들도 지루하
게 만들려고 한다. 지루함의 이유는 질투이다. 질투
에다 지루함까지 겹치니 가관이다. 우선, 그는 다른
하위 품종에 비해 뭔가를 알고 있고, 의문점에 대해
공부하며, 자신의 언어를 정확히 쓸 줄 안다는 장점
이 있다. 글에 열기도 없고, 상상력도 없으며, 한마

디로 곧이곧대로 쓴다는 것이다. 그의 문체는 차갑고 칼날처럼 예리하다. 그는 문법학자이기도 해서 서평할 작품을 면밀히 읽는다. 시샘 속에서 아주 면밀히 양심적으로 읽는다. 재능 많은 적수가 이 소년을 대비평가라 칭하는 이유도 이것이다. 그는 뛰어나지만 좀 건방지다. 자기 판단을 믿고 그대로 결정한다. 금발 비평가나 익살꾼 비평가처럼 아무 책이나 다 쓰고 아무 것이나 다 다루지 않고 희생 제물을 잘 고른다. 그의 비평은 이렇게 선택한 작품에 대해 평범한 질문부터 기가 막힌 질문까지 하니 이처럼 큰 찬사는 없다고 볼 수 있다. 그러나 그는 아주 냉혹할 것이다.

그 당시 사람들에게 그는 일종의 문학 고문자拷問者로 통한다. 그는 이미 죽은 작가들을 자주 소환하는데 요즘 작가들에게서는 도무지 찾아볼 수 없는 그 대단한 의도와 사상을 면밀히 탐사하면서 다시 한번 옛 작가들을 칭송하는 것이다. 그와 **문학잡지**를 함께 만드는 동료 하나가 '쾌락'이라는 제목의 소설을 출판하면, 언뜻 보면 칭찬인 것 같지만 자세

히 보면 그의 심장을 도려내는 고문과도 같은 글을
쓴다.

　　지금 내가 읽은 작품은 섬세한 감성으로 가득 차
디에프의 상아를 가공하는 정교한 작업을 떠올리
게 한다. 인물의 행동과 이야기는 없고, 그 어떤 장
면이나 사건을 이야기하는 법 없이 수많은 성찰과
사상이 수천 쪽에 달한다. 분석을 위해 추론적 사유
를 전개하며 섬세하게 제시해야 할 얼개들을 모호
한 시적 이미지로 대신한다. 인간 사안에 대한 인식
이 몽상적인 문장 안에 너무 잠겨 있긴 하지만, 엘
리트 지성이라면 작가가 사회에 대해 갖는 인식이
나 저자의 문학 세계와 반드시 모순되지 않는 그만
의 감정과 견해를 알아볼 수 있을 것이다. 다양한
지적 모험을 시도하고, 감행하고, 때론 실패하나 다
시 용감하게 도전하여 성취해낸 이른바 다양한 지
적 시도가 이뤄낸 당연하고 영광스러운 결과라 할
것이다. 우리 시대의 문학적 변화에 대한 사정을 잘
알고 있는 사람에게는 이 책이 전혀 모호하거나 난

해하게 느껴지지 않을 것이다. 저자는 문학적 형태를 빌려 이미 밝혀진 바 있는 사상을 훨씬 친숙한 표현으로 말하고 있는 것이다. 그래서 때로는 서정적인 풍이고, 때로는 변증법적인 논술 풍이다.

이 작가가 우리와 정반대에 있는 대륙을 순례했으며, 여러 다양한 성인들에 심취했다는 것을 알고 나면 이 책을 더 잘 설명할 수 있을 것이다. 이런 저자의 이력을 알지 못하면 열정과 호기심으로 가득한 도취가 스스로 가라앉을 때까지 끊임없이 재생되는 게 이해되지 않을 수 있다. 바로 열정과 호기심이 그의 정신을 고무해 연구와 탐색에 이르게 했으며 비록 그 진가를 알아주지는 않지만 그만의 문체를 만들어낸 것이다.

오늘날의 엄혹한 진실을 부르짖으면서도, 작가는 인간 삶에 뒤엉킨 여러 복잡한 의지의 실타래를 풀어낸다. 그의 주인공은 몽상이나 무위에 있어 르네'

ㅣ　작가 샤토브리앙의 소설 제목이자 주인공의 이름이다. 프랑스는 프랑스 혁명에서 나폴레옹의 등장과 몰락에 이르기까지 격동의 세월을 보냈는데, 이런 시대의 불안과 우울을 잘 표현한 인물이다. 샤토브리앙은 브르타뉴 사람

의 형제이지만, 그보다는 덜 비난받을 만하다. 왜냐
하면 그는 훨씬 분명한 입장을 지녔기 때문이다. 만
일 르네가 사막으로 들어가 스스로 그곳에 머문다
면, 이 주인공은 수도회로 들어가 전혀 새로운 사람
이 되어 나오기 때문이다. 주인공은 속세와 수도원
사이에서 방황한다. 결국 종교를 껴안기는 했지만,
아니면 세 개의 사랑 사이에서 고민하다 이를 끝내
기 위해 그런 결정을 한 것일 수 있지만, 혹시나 이
유명한 시구를 그가 말하게 되지는 않을까 나는 심
히 걱정스러웠다.

셀리멘과 결혼하는 게 나았을 수도 있어!

이 작가는, 그 누구보다 잘, 우유부단으로 인한 불
행을 우리에게 이야기해줄 수 있었을 것이다. 그러
나 이런 목표는 역시나 사람들의 시선을 끌지 못했

으로, 당시 브르타뉴의 방데 등에서는 그 특수한 지역적 배경과 함께 반혁
명파 노선이 우세했다.

을 것이다. 그래서 작가는 그가 보기에도 매우 고결한 도덕성을 그의 동시대 인물들에게 투영한다. 기독교 정신을 통해 바로 이런 모든 불확실성을 끝낼수 있다고 선언하고 싶었던 것이다. 그래서 소설은설교의 최고 수위에 도달하더니 영광스러운 길을거쳐 변화무쌍이 비로소 멎는 지점에 이른다. 생-마르탱, 라마르틴, 샤토브리앙, 라므네, 카렐, 발랑슈, 프레보 수사와 비니, 즈네브, 디드로에 이르기까지 이 모든 작가들을 다 믿는 사람이 이것 말고는 달리 할 수 있는 것이 없었을 것이다. 그에게 믿는다는 것은 지성의 한 형태이다. 우리 중 그 누가지성의 암중모색을 비판하겠는가? 물론 엄격한 지성이라면 이 제단 저 제단 옮겨 다니며 열정을 지피는 것을 거부할 것이다. 왜냐하면 엄격한 정신은 그렇게 쉽게 아무 것에나 보편적 친근감을 느끼지 않기 때문이다. 이런 정신은 아마도 서정적이고조화로운 친근감 같은 건 전혀 없을 것이다. 이들은 18세기 취향에 가득 차 어떤 은총도 도량도 없는 수학적 정확성을 유지하는 것이다. 다른 곳에서 가져온 수많은 소재로 가득 찬 책에는 문체에 대한 호기심도 가득하다. 표현에 있어 매우 음험한 작전을 끊어내고 저자는 이루 말할 수 없는 변신을 감행한다. 그런데 이 책에서는 쾌락의 감각이 서서히 쇠락하는 것에 대해 약간은 반항하는 마음도 읽힌다. 몇몇 부분이 저속하다고 생각하거나 몇몇 표현이 유치하다고 여기는 독자라면 호베마[II]의 그림을 보고 드러낸 경멸감을 똑같이 이 글에 드러낼지 모른다. 이 책은, 내가 보기에 절망으로 가득 찬 노래 같다. 진짜 인간다운 인간에게, 아니 시인에게, 철학자에게, 예술가에게 사랑은 늘 도취와 망각, 열광과 핍진 같은 거란 말인가? 성 아우구스티누스가 관능을 이해한 방식처럼? 위대한 사람은 속도가 너무 빠르거나 잘못 선택한 도취가 무엇인지 안다. 무용한 흥분이, 결실 없는 소진이 무엇인지 바로 알아차린다. 쾌락이 목적을 달성할라치면, 영혼은 그 속

[II] 마인데르트 호베마(Meindert Hobbema, 1638~1709): 네덜란드의 화가로 부드러운 빛이 넘치는 전원적인 풍경을 많이 그렸다.

도를 늦추며 영웅적인 희생으로 스스로를 정화시키기에 이른다. 쾌락주의자는 한발 뒤로 물러나면서 희생될 심연 앞에서 다리를 비틀거리다가, 잠시 향내 자욱한 벽감을 뒤돌아본다. 모든 소설이 다 이런 식이다. 욕망에서 무력함으로, 우유부단에서 무능함으로. 이런 이행은 일면 논리적이다. 이런 식으로 쾌락을 이해시키면서 입문하는 것이다. 아주 단순한 이야기가 빛이 찬란한 결론에 도달한다. 우유부단한 쾌락주의자는 최후의 피난처로 기도를 선택하며 진정한 인간으로 거듭나는 것이다. 제발 그대로 이루어지기를.

이 비평가는 대단하다. 왜냐하면 누구도 이렇게 건조하고 차가울 수 없기 때문이다. 나는 차라리 이런 방식보다 저 옛날의 비문碑文을 선호한다. 저자에게 이렇게 말하는 자들이 차라리 낫다는 것이다.

당신의 책을 출판하시오, 아무도 그 책에 대해서는 말하지 않겠지만.

건조하고 차가운 대★비평가의 열정적인 판결
보다 이렇게 말하는 게 훨씬 쉽고 재밌다.

제2품종

취향가

다른 위대한 비평가는 구름처럼 모호하고 솜털처
럼 푹신한 글을 쓴다. 영국 엘리자베스 왕궁의 문사
들이 썼던 것과 비슷한 문장을 구사한다.

• 영혼의 봄

뇌샤텔에서 아벨 뮈탱

일정한 한도 내에서 엄정한 예술을 시도하고 있음
을 표방하는 이 시인은, 아직 그의 결정적인 작품을
발표하지 않았다. 그의 작품은 더욱이 고국인 스위
스에서만 출판되고 있는데, 몽상에 대한 전적인 취
향을 보여주고 있어, 실존의 고통스러움을 느끼거

나 비탄에 젖어 있는 자들의 심장을 분명히 향하고 있다. 그의 시는 한 편의 난해한 카오스다. 그의 서늘한 상념을 읽다 보면 구불구불한 길을 헤매는 듯하다. 그의 기괴한 상상력을 읽다 보면 우리는 메마른 땅을 걷는 듯하다. 움직이는 모래 언덕이 보이는가 하면 그곳에서 버드나무들이 솟아난다. 그가 쓴 장들은 유산된 사상 같고, 미친 듯한 행동에 이어지는 예언과 지혜로 흐느적거린다. 시인은, 저녁 일몰에 떠 있는 구름 무리에 비친 빛의 효과에 흠뻑 취해 있는가 하면, 푸르스름한 지평선 한가운데 듬성듬성 난 초록 잎사귀들이 벌이는 수천 가지 양상에 취해 있다.

시인은 양지가 있는 길을 따라 걷거나, 낭ᵐ(그 나라의 단어) 다리 위에서 네 시간이나 멈춰 서 있거나, 우편마차가 지나가는 것을 보기 위해 뛰는 것을 전혀 유치하지 않다고 생각하는 사람 가운데 하나다. 그는 시인의 가슴을 가졌다. 하여, 빛살 너울거리는

III   발자크가 말한 대로 그 나라, 스위스의 단어로 '급류'라는 뜻이다.

풍경 속을 헤매도 좋은, 특별히 선택받은 자가 된 것을 스스로 영광스럽게 생각한다. 진정, 우선은, 자신의 고통을 자신에게만 토로하고 싶었다. 흐느끼고 싶고 하소연을 하고 싶었는데, 그래서 그렇게 하다 보니 운율이 생기고, 이것이 시를 닮았다는 생각에 미치자 화들짝 놀라는 것이다. 그의 고백 속에는 창백한 우울이 흐르고, 때로는 너무 이른 서정이 솟아오른다. 경험의 일천함은 차라리 은혜롭고, 너무나도 쓰디쓴 고통에 빠져 비웃음이 치밀어 오를 때, 그는 빅토르 위고의 『크롬웰』에 나오는 오르몽드 경처럼 외친다.

행복하기만 한 자들은 참으로 순수해 보이는구나!

그가 어떤 취향을 탐색하며 기쁨을 얻는지 볼 때, 아벨 뮈탱은 젊고 순수한 시파에 속해 있다. 내밀성과 회화성, 또 형상성에 심취한 이 시파는 앙드레 셰니에[IV]가 단두대의 발치에다 남겨놓고 간 것으로, 19세기까지 이어져 온 유산이다. 라마르틴, 알프레드 드 비니, 빅토르 위고, 에밀 데샹과 그들의 뒤를 이은 몇몇 다른 시인들이 그 영광스러운 후계자들이었다. 작은 차원의 내면을 다루거나 회화를 분석하여 시에 그런 요소를 가져온 감이 없지 않지만, 아벨 뮈탱은 앞선 낭만파 시인들의 계보를 이을 만하다. 형식은 엄격하고 기법은 경건하다. 해묵은 단어들을 다시 취하거나, 왜 그러는지는 모르겠지만 시적 언어로부터 배제당한 부르주아의 저급함을 다시 취하고 있다. 날렵하고 재빠른 언어를 써야 할 때는 뒤로 물러나고 자신의 사상을 붕 떠 있는 광활한 공간에 새김으로써 수천 가지 함의를 만들어내는 것이다[V]. 이런 게 진짜 시인들이 보유한 솔

IV   앙드레 셰니에(André Chénier, 1762~1794)는 낭만주의 문학의 선구자로 프랑스 혁명 당시 혁명의 주체세력이었던 자코뱅파와 대립하며 결국 공포정치 기간 단두대에서 처형되었다.

V   드러내놓고 말하지는 않지만, 이 문장에서 작가들의 정치적 성향을 엿볼 수 있다. 이 단락에서 후계자들, 또는 유산을 승계 받은 자들로 언급되는 낭만주의 유파의 시인들은 정치적 성향으로는 프랑스 혁명 당시 급진좌파들을

직함일까? 과학을 놓아주고 형식을 취하고, 필요한
것만 보유하는. 그러나 적수들은 속지 않는다. 왜냐
하면 문체에 대한 어떤 조언이 있었을 것이고, 비

배제하고 다소 온건한 공화정을 수립하고자 했다. 1848년 2월 혁명의 성
격을 압축적으로 표상한 것으로도 유명한 앙리 펠릭스 에마뉘엘 필리포토
의 그림에서 보면 시청 앞에서 연설을 하고 있는 인물이 시인 라마르틴인
데, 그는 2월 혁명에 주도적으로 참여했으며 2공화국을 선포하는 인물이
기도 하다. 그런데 이 그림의 전경에 주로 나부끼고 있는 깃발 4개는 공화
국을 상징하는 프랑스 삼색기이며, 시위 현장을 보여주듯 깨진 돌들이 거리
바닥에 즐비하고 군중들은 뒤엉켜 있는데 이들 사이에서 붉은색 깃발 2개
가 겨우 보인다. 2월 혁명 이후 들어선 제2공화국은 급진좌파는 배제하려
는 경향이 있었으며, 실제로 1848년 6월 총선에서 총 800석 중 온건 좌파
인 공화파가 600석으로 대다수를 차지하고, 보수 우파가 200석, 급진좌파
인 사회주의파는 80석을 얻는 데 그쳤다. 발자크가 쓴 『스탕달론』을 보면
19세기 프랑스 문학에서 이른바 양대 진영을 이룬 낭만주의 유파와 사실주
의 유파의 미묘한 문학관 및 세계관의 차이를 엿볼 수 있는데, 발자크는 빅
토르 위고, 라마르틴, 샤토브리앙, 테오필 고티에, 생트-뵈브 등과 같은 낭
만주의 유파에 대해 가령 이렇게 말하고 있다. "빅토르 위고는 분명히 '형
상 문학'에 있어서 최대의 천재이며 라마르틴도 이 파에 속해 있다. 이 유파
의 명명자는 샤토브리앙이고, 그 철학의 창시자는 바랑쉬다. (…) 물론 무력
한 모방자들도 많이 있지만 내가 여기에 열거한 작가들 중에는 이를테면 세
낭쿠르나 생트-뵈브처럼 이따금 감정이 형상을 앞질러가는 사람들도 있다.
(…) 이 시인들은 모두 유머러스한 감정을 거의 갖고 있지 않다. 이들은 싱싱
한 감각을 갖고 있는 고티에를 제외하고는 대화라는 것을 알지 못한다. 위
고의 대화는 그 자신의 언어와 너무나 닮아 있다. 그는 자신이 인물을 만들
어내야 할 곳에 스스로 등장하는 것이다. 하지만 이 파도 다른 유파와 마찬
가지로 아름다운 작품을 낳고 있다. 이 파는 풍부한 시적 장구나 풍부한 형
상, 시적인 언어, 자연과의 내면적인 결부 등이 두드러져 보인다."

밀에 가까운 새로운 형식이 도출되었을 것이다. 감정과 개념의 우위성에 이의를 제기하려는 것이 아니다. 앙드레 셰니에의 후계자들에게 무엇보다 우선은 시인이다. 17세기의 약간 딱딱하고 대칭적인 12음절 시구를 좀 더 유연하게 만들고 18세기의 무른 시행을 담금질 해 좀 더 강하게 만든 것이다. 아벨 뮈탱의 강하면서도 유연한 도구를 보면, 떠돌이 같지만 그래도 충실한 이 낭만 시파의 제자임은 분명하다. 이 유파의 시인들은 언어를 단순화 하며 맹목적인 모방은 전혀 하지 않는다. 그들은 예술에 관한 관점을 공유한다. 이 제자는, 스위스인인 걸 생각하면, 제법 광대하고 풍부하며 무성하고 웅장한 시어를 구사하는 편이다. 한번에 덩어리째 온 듯한, 그러니까 단 한 번, 크게 붓질을 한 듯한, 아니면 단 한 번, 길게 숨을 내쉬는 듯한 기법으로 그는 가령 이렇게 쓰고 있다.

일격은 강하지 않다. 그렇다, 분명 교회의 정문처럼 넓지 않고 우물처럼 깊지 않다. 아니다, 일격은, 저

깊이 찌르는 것이다.

이건 마치 셰익스피어의 유명한 시를 번역한 듯하
다. 예술가의 개인적 재능이 그 무엇이든 간에, 이
런 시행들은 바로 이 학파의 기법과 기교와 연관되
어 있다.

이 순진하고도 전원적인 시는 단념하는 가운데에
서도 고귀함이 있고 자각하지 않고도 단순하니 앞
날은 그런대로 밝아 때로는 제리코의 그림에 나오
는 살갗이 벗겨진 사람[VI] 같은 게 우뚝 나타날 때
가 있다. 아벨은 위대한 작품을 낳게 될 날이 올 것
이다. 그 역시 사원을 위해 잘 다듬은 돌 하나를 나
르고 있는지 모른다. 왜냐하면 아벨 뮈탱은 형태

VI 테오도르 제리코(Théodore Géricault,1791~1824): 낭만주의 유파에 속하는 프
랑스의 화가로 대표작인 〈메두사호의 뗏목〉(1819)은 1816년 세네갈을 식민
지로 삼기 위해 떠난 군함 메두사호의 실제 난파 사건을 소재로 한 그림이
다. 이 난파 사건은 왕정복고 기간 무능한 권력이 자초한 인재로 당시 커다
란 사회적 반향을 일으켰으며, 열정적인 젊은 화가 제리코는 이 그림을 그
리기 위해 정신 병원에 가서 광인들을 관찰하고 시체 안치소에 가서 죽어가
는 자들의 피부 색깔을 살피는 등 야심차게 이 그림을 준비했다는 일화는
유명하다.

에 필요한 모든 요소를 지녔기 때문이다. 부유물처럼 떠돌며 유동적이었던 것이 결국은 고정되어 실제로 자리 잡은 것이다. 느긋하면서도 격정적인 양가적 태도가 바로 이 시인의 시에 하나의 유려함을 만들어 주었다. 자리를 잡았다가 이내 떠나는 듯한 현재분사 군들, 부사적으로 표현된 문장들. '만일', '-할 때', '그러나', '또한' 등의 문구가 떠다닌다. 그러다 예측하지 못한, 그러나 영양이 되는 새로운 샘물들이 연이어 다시 나온다. 수많은 열거가 산꼭대기에서 저 깊은 협곡으로 떨어지는 태양 광선처럼 연신 나온다. 이 모든 것은 하늘에서 떨어지는 소나기와 탐욕스러운 태양 광선을 기꺼이 받아내는, 저 롬바르디아 평원을 도도히 지나는 강물의 왕을 떠오르게 한다. 자신의 환경을 견뎌내지 못하고 앞으로 다가올 흐름이 무엇인지 알지 못한 채, 그저 살살 흔들리는 갈대들이나 어루만지는가 하면, 거품이는 파도 마루에 수천 개의 불타오르는 꽃다발을 던지고 있으니, 그에게 고하라, 그는 잘못 하고 있는 것이라고.

포강에 대해 이런 유치한 글을 쓰는 비평가는 그냥 내버려두자.

이런 산문을 읽다보면 뛰어난 작품도 다 죽이는 사형 집행관 같은 비평가가 차라리 좋지 않은가? 두 장의 부드러운 솜이불 사이에서 문드러지느니 차라리 언월도^{VII}를 맞고 죽으리라.

VII   cimeterre: 언월도(偃月刀). 초승달처럼 생긴 낫 같은 칼이 달린 긴 칼로 유럽에서 주로 보병이나 기병이 쓰던 칼이다. 특수한 무기 용어여서 한자어를 살려 옮긴다.

4

문예 비평가

자, 모든 삼류작가 가운데 가장 행복한 하위 종이
바로 이 문예 비평가다. 그는 누에고치처럼 자기가
짜고 있는 것이 잘 되고 있는지 온갖 걱정을 하며
뽕잎이라 할 신문지 위에서 산다. 그들이 무슨 말을
하건, 극장을 지배하니 즐거운 삶을 사는 셈이다.
극장업계 사람들은 그를 정말 애지중지하고 감싸
준다! 하지만 그는 봐야 할 초연 작품 수가 늘어나
는 것이 불만이다. 특별석에서, 그것도 애인과 함께
보는데도 말이다. 이상한 일이다! 가장 진지한 책
과 인내를 가지고, 온밤을 새서, 여러 달에 걸쳐 새
기고 다듬은 예술 작품들은 신문사들의 최소한의

관심도 얻지 못하고 완전한 침묵에 묻히기 일쑤다. 그런데 최신식 극장의 최신식 통속극이나 몇몇 식사 자리에서 탄생한 버라이어티 쇼에서나 부를 법한 대중가요, 아니면 양말이나 광목을 만들 듯 그야말로 쉽게 만들어지는 요즘 연극은 정기 비평과 분석의 대상이 되다니! 이런 업무를 위해 신문사들은 데자제' 극장의 음담패설 극을 전문적으로 분석하는 비평가를 모셔오거나, 오페라 글라스를 계속 움직여가며 일곱 개의 상황 극을 분석하는 만화경 역사가 같은 사람을 모셔 와야 한다. 신문사의 파뉘르주" 격인 이 비평가는 즐길 게 많아 지친 술탄처럼 불평한다. 맛있는 음식으로 가득한 궁에 살면서 1년에 1천5백 편의 연극에 짓눌리면서도 그 수많은 연극들에 메스를 들이대며 깃털 펜의 맛 또한 즐긴다. 미각을 되찾기 위해 깨끗한 천연수를 마시는

I   파리 3구에 지금도 있는 극장. 1851년, 한 상송 가수가 허름한 건물을 임대해 시작한 공연장이다. 극장명은 1859년경 당시 유명한 배우였던 비르지니 데자제의 이름을 딴 것이다.

II 라블레의 극 〈팡타그뤼엘〉에 나오는 등장인물이다.

셰프처럼 그도 퓌낭뷜[III]을 보러 가기도 한다. 왜 예술 문학 위에 떠 있는 샴페인 거품 같은 자에게 이런 특권이 주어지는가? 다 돈의 논리 때문이다. 신문은 법적인 틀 내에서 비도덕적인 것을 기꺼이 감행한다.

극장은 기꺼이 신문사에게 줄 것을 준다. 모든 편집부 직원, 간부, 경영자, 셰프 자크 같은 편집장 모두에게 입장권이나 특별 좌석, 보조금을 준다. 출판사는, 출간 도서들을 광고해야 그나마 책이 나가기 때문에 신문사에 현금 다발을 내놓기도 한다. 신문사에서 책을 연극 분석 기사처럼만 써준다면야 출판사 신간 안내는 굳이 안 해도 된다. 한편, 신문의 제4면이 광고로 가득한 비옥한 밭이 되고 나자, 도서 비평 기사는 멎었다. 이것이 바로 문학 작품의 판매가 점차적으로 감소된 이유 가운데 하나다. 광고가 1년에 20만 프랑을 벌어주자 문학과 산업

III　퓌낭뷜은 18–19세기에 프랑스에서 유행했던 밧줄 위에서 춤을 추는 곡예 또는 곡예사를 가리킨다.

은 인지세와 신문 지국세만 지불하면 되었다. 극장은 신문 광고를 하지 않아도 거리 구석구석을 포스터로 노랗게 물들이면 된다. 그런데다 극장은 책처럼 무생물이 아니다. 배우나 무희, 가수와 함께 그들 특유의 감각과 자존심을 발휘하기도 한다. 또 특별석 입장권을 보내거나, 매일 저녁 언론 군단을 받기도 한다. 파리 극장에서 500석 이상이 기자들을 위한 무료석인데, 저녁 공연에 10석도 채 안 찰 때가 있다. 호주머니에 넣을 수 있는 돈과 지성을 가장 아름답게 발휘할 수 있는 지배권 가운데 하나를 선택하라면, 언론은 주저하지 않고 돈을 선택할 것이다. 사설의 왕홀 따위는 포기할 수 있다. 우편세와 인지세가 다 합해서 1상팀도 되지 않게 되는 날, 소설이 신문의 연재물을 통해 발표되는 것처럼 문학 비평가와 학술 비평가도 신문사에서 긴요해지는 것이다.

조프루아[IV]는 문예란의 아버지였다. 문예란은

IV   쥘리앵 루이 조프루아 Julien Louis Geoffroy(1743~1814): 프랑스의 기자

파리에서만 가능한 창조물로, 거기 말고는 없었다. 그 어떤 나라에도 이토록 왕성한 정신과 온갖 어조의 조롱과 거의 미친 듯이 소비되는 이성의 보고는 없었다. 아니 주간마다 열병식을 하며 불꽃을 쏘아 올리는 데 온 생애를 바치는 실존은 없을 것이다. 지나가면 잊어버리지만, 넘기면 어김없이 다시 나오는 달력 날짜처럼 레이스 장식처럼 가볍게, 그러나 어김없이 써야만 한다. 매주 월요일마다 드레스에 온갖 주름 장식을 잡듯 기사를 꾸미고 또 꾸며야하는 것이다. 이제 프랑스 전역에 연재 소설란과 문예 비평란이 있다. 과학과 최신 유행, 아르투아 지방의 우물 비평부터 기퓌르 레이스까지 신문에서 안 다뤄지는 게 없다. 보드랑, 아라고, 비오와 나티

이자 연극 및 문학 비평가. 『주르날 데 데바』에 왕성한 기고를 한 문예 비평가로 이른바 19세기 초 비평가의 모델처럼 인식되곤 했다. 그의 문예 비평이 성공을 거둔 것은 새로운 독자를 끌어들이기 위해서라도 일부러 더 통렬하게 비판하거나 논쟁적 요소를 물고 늘어지며 상당한 악담도 퍼부어서이다. 조프루아 스타일에 대해서는 찬반 양론이 있지만, 생트-뵈브는 조프루아의 비평이 무지막지하지만 그가 지적하는 것이 반드시 틀리지는 않다고 일면 두둔한다.

에는 팔꿈치를 노상 붙이고 있듯 서평란에서 자주 마주치는 자들이다. 이런 왕성한 정신적 생산물이 오늘날의 파리를 만들었다. 그래서 파리는 그 어느 때보다 재밌고, 영롱하고, 신기하다. 이건 정말 영원히 깨지 않을 꿈만 같다. 사람, 사상, 체제, 농담, 아름다운 작품과 여러 정부政府까지 다 나오니 다나이데스의 밑빠진 항아리가 부러워할 정도다.

문예 비평가라는 직업은 정말 힘들다. 스무 명 중 두 명만이 우리에게 즐거움을 주며, 월요일이면 영감을 얻고 싶어서라도 무척 기다려지기 때문이다. 두 명 중 한 명은 우리 시인 중 가장 저명한 바로 이분이다.

• 그 많은 월요일 문예란 가운데
그야말로 이것이 최고의 견본

저는 당신들이 좋아하는 기혼남 비평가의 애완견 피스톨레입니다. 자, 제가 하는 말을 잘 들어보세요. 이제부터 우리가 이사하면서 있었던 일에 대해

들려드릴 테니까요. 싫다고요? 당신들이 그렇다면 야 나도 뭐 상관없습니다. 아니, 이 이야기를 이미 알고 있다고요? 하기야 세상에 희극이 하나밖에 없다면 비극도 하나밖에 없겠지요. 야망이 바로 그것입니다. 사랑이 바로 그것입니다. 인간의 야망을 믿어볼 수도 있을 텐데, 위대한 정신의 고귀한 미덕이 소인배의 악덕이 되어버린 마당에, 우리 변호사 나리께서 정치권력을 꿈꾸고 당신네 통속극 작가들이 명예 훈장을 달게 된 마당에 인간의 야망이라니요!!! 어찌 야망이 이토록 실추되었단 말입니까? 아무도 이에 대해 답할 수 없을 겁니다. 연단에 서 봤자 귀머거리들 앞에서 가슴이 타들어가고, 아카데미 회원이 되어봤자 그 녹색 의상 속에서 차라리 야망이 사그라들게 내버려둡시다. 그래야, 다 죽습니다. 위대한 사상이 죽듯 아름다운 열정도 죽습니다. 비극은 코르네유에서 부샤르디까지 오면서 그야말로 실추했고, 절대 다시 일어설 수 없을 만큼 무지막지한 추락입니다. 카이사르와 크롬웰', 그리고 나폴레옹을 지배한 후 야망은 이제 완전히 졸아들어 겨우 부르주아들이나 하고 놀고 있군요. 부르봉 왕궁은 앵발리드[VI] 관저가 되었어요. 불쌍한 열정! 운명의 신은 야속하기만 하군요.

그러니 차라리 당신네들 비극을 쓰는 게 낫겠습니다. 아니, 차라리 아무것도 쓰지 마세요. 그냥 시골얘기나 합시다. 우리 주인께서 말씀하시기를, 겨울이 되면 비탈길에 희미한 햇살만 비춰도 만족할 수 있답니다. 비쩍 마른 대머리 가수가 다 풀어 헤친 노래를 불러도 들어줄 수 있답니다. 기름때가 묻은 옷도, 덕지덕지 바른 분장 얼굴도 다 참아줄 수 있답니다. 이빨 빠진 입으로 짓는 웃음도, 이런 모든 오류투성이 열정도, 절름발이 같거나 수종에 걸린 것 같은 문장도 다 참아줄 수 있답니다. 그러니까 장터의 간이 무대에나 올라갈 낡아빠진 것들도요.

V   영국의 정치가이자 군인으로, 17세기 영국 청교도 혁명에서 왕당파를 물리치고 공화정을 세웠다.

VI   '앵발리드'(Invalide)란 '부상당해 불구가 된'이라는 뜻으로, 17-18세기에는 상이군인들을 위한 병원, 숙소 등으로 쓰였으나 지금은 군사박물관이며, 나폴레옹의 유해가 모셔져 있다.

그런데 말입니다, 여름이 되면 이런 걸 더는 참아줄 수 없습니다. 아침에는 종달새가 로미오처럼 노래하며 우리에게 인사 하고, 저녁이면 밤꾀꼬리가 싱그러운 내음과 함께 밤의 세레나데를 부르고, 자기가 매달려 있던 꽃대가 어디 있는지도 잊은 길 잃은 꽃잎처럼 푸른색, 분홍색으로 차려입은 눈부신 아가씨들이 신비로운 숲속 길을 돌아다니며, 하늘 속에 황금빛 별들이 총총한데, 아, 이 눈부신 조화 한가운데서 길을 잃으면, 모든 향기를 듣는 것 같고, 모든 노래를 흠뻑 들이킬 수 있을 것 같은데, 아니 지금 아르날 씨를, 보드빌을, 뒤프레를, 오페라를, 마드무아젤 라셸을, 왕 전속 배우들을, 인민 전속 배우들을 왜 생각한답니까! 심지어 언젠가 "자네 코가 내 맘에 안 드니 꺼지게나!" 하는 말까지 듣게 했던 알시드 투세를 왜 생각한답니까! 이 자들을, 그것들을 다 잊어버릴 수 있으니 얼마나 기쁜 일입니까!

우리 주인이 이런 것을 쓰고 있을 때, 나는 주인 옆에서 깡충깡충 뛰었습니다. 거리에서는 호두 장수

185

의 외침이 들립니다. 가을이 온 것입니다. 그러면
우리 주인은, 아니 당신네들이 좋아해 마지않는 비
평가는 더는 보드빌 작가한테 신경 쓰지 않습니다!
우리 주인은 면사로 만든 모자를 던져버리고 하얀
색 조끼를 입더니 경쾌하게 휘파람을 붑니다. 자,
우리 둘은 이렇게 전원의 별장을 찾아 떠나는 겁니
다. 여러분도 원하면 가져가세요. 우린 항상 전원과
별장을 찾아내죠. 매력적인 별장 한 채는 도시와 정
원 사이에 있습니다. 여기서 도시란 파리입니다. 여
기서 정원이란 불로뉴 숲입니다. 로코코 양식의 이
저택은 루이 15세 시대의 추억으로 가득합니다. 여
기저기 큐피트 신이 날아다니고, 여기저기 목동들
이 있으며, 양떼, 꽃들, 정말 진정한 목가풍입니다.
그렇다고 무슨 블랑귀아니니 풍의 저택은 아닙니
다. 맹세하건대, 그저 돌로 지은 집입니다! 회색 덧
창이 달린 창문에, 그러니까 우리한테도 익숙한 덧
창이 걸려 있고 정원에는 역시나 비로드 같은 잔디
밭이 깔려 있고, 무성한 덩굴광대 수염이 여기저기
엉켜 있는 근사한 오래된 나무들이 있는 집이랍니

다. 뜰에는 녹색으로 칠해진 저의 예쁜 집이 하나 있어요. 혹시 그곳을 지나가시거들랑 피스톨레는 어디 있는지 물어보세요. 그럼 누가 "아, 거기 있어요" 하고 말해줄 겁니다.

그나저나 이제 우리가 아직 보지 못한, 이 비극으로 돌아와 봅시다. 어제 산책하면서, 우리는 녹슨 단검과 진짜 간음이 나오고 목이 다 쉴 정도로 열정을 부르짖으며 꿈에 가득 찬 아이들이 나오는 이 낡아빠진 이야기를, 이런 것을 이른바 근대극이라 부르기도 하지만 말입니다, 아무튼 여러분에게 그걸 어떻게 들려드릴지 고민했습니다. 루이가 우리한테 한 소녀를 소개했는데, 아이는 우리한테 와서 어떻게 하면 극장에 들어갈 수 있는지 알려달라며 추천장을 좀 써줄 수 있는지 부탁했습니다. 어떤 극장? 이 불쌍한 아이는 자기가 어떤 극장에 가고 싶은지도 전혀 몰랐습니다. 소녀는 아름다웠습니다. 순수하고 청초했습니다. 파랗고 감미로운 눈을 한 이 소녀는 순진하게도 일명 감독이라 부르는 이 케르베

187

로스^{VII}들한테 가려면 영민하고, 감각적이고, 아주 아름답고, 아주 젊으면 되는 걸로 알고 있었습니다. 그토록 영롱하고, 그토록 젊고, 그토록 아름다운 이 아이를 보면 극장주가 한입에 먹어버릴 것만 같아 나는 정말 끔찍한 고통을 느꼈습니다. 우리 주인도 다 큰 아이처럼 굵은 눈물방울을 뚝뚝 흘리기 시작했습니다.

바로 이런 겁니다. 이토록 슬프고 이토록 뼈아픈 현실이 어디 있겠습니까! "뭐라고? 아이야, 연극계에 들어가고 싶다고? 코미디 프랑세즈에 가겠다고? 삼송^{VIII} 씨는 아마 순진한 역을 하기에는 네가 너무 어리다고 볼 것이야. 망트 양^{IX}은 네가 너무 말랐다고 볼 것이야. 오페라 극장에 가면 네가 너무 뚱뚱하다고 생각할 것이야. 오페라 코미크에서는 네

VII 세 개의 머리와 뱀의 꼬리를 가진, 지옥 문을 지키는 개. 심술궂은 사람을 비유한다.

VIII 몰리에르 극을 주로 연기한 명배우이다.

IX 코미디 프랑세즈에서 주로 연기한 여배우이다.

가 프랑스어를 너무 잘한다고 나무랄걸? 오, 아이야, 내 말 좀 들어보렴, 우리 옆집에 철물상을 하다가 은퇴한 정말 선량하고 용감한 분이 계시는데, 그 사람은 앙비귀 극장'만 가고, 신문도 『콩스티튀시오넬』''만 읽는단다. 검소한 가정의 가장이시란다. 문예물을 쓰는 가장이 있는 집안도 아니고, 소설을 쓰는 부인이 있는 집안도 아니란다. 이 분이 나에게 아이들 가정교사가 필요하다며 좋은 사람이 있으면 소개해 달라고 했는데, 이렇게 조용하고 성실한 집안에서 우선 경력을 쌓아보면 어떨까?" 우리 주인이 이렇게 말하자, 그 소녀는 울먹이면서도, 이내 웃음을 지어 보였습니다. 난 멍멍 소리를 질렀고, 우리는 바로 그 이웃집으로 가서 이 착하고 젊은 소녀를 소개해줬답니다. 여자동무처럼, 언니처럼 이 집에서 같이 어울려 잘 지내고 있으니 이제

ⅹ   앙비귀 코미크 극장은 1769년에 파리 탕플 가에 세워졌고 20세기까지도
      공연장으로 쓰이다가 1966년 철거되었다.

ⅺ   1815년에 창간되어 1914년에 폐간된 신문으로 정치와 문학 및 문예기사
      가 주를 이뤘다. 공화주의자들이 즐겨 구독한 신문이다.

누가 그 집 딸이고 누가 그 집 가정교사인지 아마 여러분은 구분하지 못할 겁니다.

제가 여러분에게 오늘의 연극을 말하지 않은 게 바로 이런 이유 때문입니다. 이런 극이 연극 무대 작품보다 훨씬 낫지 않나요? 우리 주인이 허구한 날 문예 비평을 쓰는 것보다 이런 행동을 한 것이 훨씬 낫지 않나요?

이런 새풍금을 돌리는 사람의 인내심과 그것을 듣는 사람의 너그러움에 감탄하지 않을 수 없다. 부사들이 연신 부딪히는 소리와 신뢰할 수 없는 한 손이 마구 만져대는 채색 유리 세공품처럼 연이어 나오는 같은 단어들을 들은 지 벌써 10년째다.

신문 나팔수는 시적이라면서 귀청을 찢는 음악을 연주한다. 별로 힘들이지 않고 나팔을 입에 대고 불어대는 사람이 대중이 아닌 또 다른 관객을 향해 부를 최고의 곡조는 그러니까 반짝이는 팡파르는 아직 남겨놓고 있다는 것을 짐작할 수 있을 것이다.

문예물 제국은 너무나 광활하여, 시는 물론 연

극 음악까지도 통치했다. 어느 날 『주르날 데 데바』
는 음악의 무궁무진한 발전을 눈치 챈다. 황제 시절
룰라드가 세계를 지배했지만, 이제 황제가 실각하
면 그야말로 진짜 예술이 사회를 엄습할 것을 일찌
감치 알아보고 위대한 작곡가를 위해, 그러니까 베
를리오즈 같은 사람을 위해 문학 비평가에서 음악
비평가를 따로 떼어냈다. 바로 이날, 베르탱 씨가
문을 열었고, 그 뒤를 앞다투어 예외적으로 음악만
다루는 일고여덟 개의 신문들이 창간되었다.

오늘날 언론은 너무 다양하고 풍부하며 폭넓
은 오케스트라를 소유하고 있으니 얼마 전까지만
해도 있었던 피아노와 코넷만 다루는 신문을 더는
즐길 수 없다고 절망할 필요는 없다. 자, 여기 음악
에서 가장 유명한 깃털 펜을 자랑했던 자가 오페라
하나를 어떻게 비평하는지 보자.

모모 씨가 만든 다른 모든 작품처럼 빈약한 성격의
도입부가 나오고 나면, 제1막은 신비한 안단테로
시작하여 가벼운 구도로 이어진다. 왕자의 총신인

프란츠는 왕자가 뤼실을 사랑한다는 사실을 다른 궁신들에게 알린다. 이어 뤼실이 그녀의 연인과 함께 나타난다. 이어 이런 아름다운 가사가 다장조 선율에 실린다.

이토록 아름다운 불길도
언젠가 당신 안에서 꺼질 테지요!
아! 정녕 그러시다면,
차라리 냉정하게
제 사랑을 받아주지 말아요!

그러나 이 가사는 뒤에 흐르는 멜로디나 리듬에 그다지 어울리지 않았다. 다단조 5도 화음은 마플랫 단조의 주선율 위에 실리는 게 훨씬 좋았을 것이다. 이 막의 피날레 합창은 이런 가사다.

여기서는 모욕을 참읍시다.
하지만 복수는 멀지 않았어요.

합창은 가슴을 뒤흔들듯 기염을 토한다. 트레몰로로 웅웅거리던 호른에 이어 제3바이올린이 나오고, 그 강렬한 음조와 어우러져 포르테에 다다르는데, 만일 이 멜로디 선율을 관장하는 트롬본이 한 옥타브를 사이에 두고 카시투라의 플랫으로 음을 지속시켰다면 그 효과는 더욱 극대화되었을 것이다. 이것은 명약관화다.

제2막이 되면 우리는 궁전의 정원에 와 있다. 몇몇 안단테 박자가 있고 나서 불붙은 듯한 알레그로가 이어지고, 점점 더 어마어마한 크레셴도가 8분의 6박자 파 음에서 시작한다. 이제 오라스가 매력적인 시칠리아풍의 노래를 하는데, 왠지 어두운 전조가 감도는 듯도 하다. 제2의 콘트라베이스가 다음 가사를 절분법으로 흉내내듯 연주된다.

오, 사랑스러운 연인이여!
조금이라도 내가 희망을 품을 수 있다면
저녁뿐이에요.
그대의 부드러움을

나는 저녁 때밖에 느끼지 못해요.
그대의 푸른 눈 속에
나의 태양이 떠오르면
나의 하루는 끝나가요.
또 다른 하루는 하늘에 걸려 있어요.

약간 퐁뇌프 다리처럼 생긴 이 1절은 2항의 반구처럼 대구를 이르며 그럭저럭 잘 쓰인 편이다. 그리고 로제라는 가수는 이 가사를 제법 잘 소화해냈다. 그러나 병사들의 6중창은 그렇게 좋게 말해줄 수 없다.

마시자, 친구야, 우리 모두 노래하자
우리 지도자에게 명예와 영광이!

이 가사를 받치는 오케스트라 반주는 그런대로 괜찮았지만, 병사들이 너무 음정을 높이 잡아 가사를 읊어댔다. 프란츠, 뤼실, 오라스의 트리오는 지극히 통속적이었지만, 그래도 마지막에 단조로 부른 구절 덕분에 좀 살았다.

떠나야 해요, 오, 이런 불행이!
떠나야 해요, 오, 이런 행복이!
떠난다니 내 가슴이 찢어지오.

대화가 음절까지 맞으니 아주 아름다운 효과가 생겨났다.

2막은 아주 뛰어나지는 않았지만, 그러나 전체 3막 중 최고로 나왔다. 이전 그루페토를 연상시키는 강한 페달음에 의존하고 있는 마지막은 멜로디가 지극히 빈약하여, 로시 부인의 야망에 찬 성악으로도 그 약점이 감춰지지 않았다.

마지막 3막은 인적이 드문 초가집에서 펼쳐진다. 뤼실이 떠나고 절망에 빠진 왕자는 포부르동 창법으로 자신의 고통을 노래한다. 한편 프란츠는 오라스와 결투를 벌인다. 프란츠는 부상을 당한다. 거의 죽기 일보 직전까지 간다. 오라스는 체포되고, 재판받고, 사형을 선고받는다. 정말 다행히도, 하나의 초상화로 이 사건의 전모가 밝혀진다. 오라스는 전혀 고아가 아니었다. 왕자는 그가 자신의 조카임을 알게 되고, 두 사람은 포옹한다. 뤼실이 당도하고, 두 연인은 하나가 되고, 5도의 캐논 합창이 시작되면서 극은 모두 끝난다. 그러나 찌르는 듯한 알토 소리와 작은 플루트의 끝없는 떨림으로 이 대단원의 너무 장중한 분위기를 조금이라도 없앴다면, 이 노래는 훨씬 우아한 곡조로 마무리되었을 것이다.

요컨대, 모모 씨로서는 그 누구보다 대단한 성공을 거뒀고, 우리는 그의 어마어마한 재능에 감탄하는 바다.

나머지 문예 비평가들은 1킬로미터나 되는 성벽을 사이에 두고 있어 서로들 알지 못한다. 각자의 견해와 지성의 방식에 따라 자기 글을 쓰고 있을 따름이다. 그들은 너무 이성주의자여서 때로는 오류를 범한다. 아주 정직하지만, 때로는 너무 감흥에 휩싸이는 순간을 맞게 되고, 그러면 얼른 후회한다. 그들은 비평을 너무 심각하게 한다. 360명이나 되는 극작가들을 거의 다 비판한다. 이 작가들 각각의 재능을 증류기에 넣어 추출하면 '오 드 코르네유'나 '셰익스피어 1만 분의 1' 같은 작가가 나올 수도 있을지 모른다면서. 그런데 나머지 문예 비평가들은 유명한 문예 비평가 두 명 중 그 누구와도 비슷하지 않다. 그들은 그런 식으로 쓰고 싶지 않았던 것이다. 정말 그런 식으로는. 그런데 대중이 이들의 관점을 줄기차게 거부한다. 『르 나시오날』의 문예 비평가는 게으른 학파들이다. 이따금 잠에서 깨어나 스치듯 눈부신 생각들을 던진다. 이에 사람들이 주목할 때도 있다. 『코메르스』지가 정말 올바르고 성실하게 문학 감상을 하는 데 비해 『르 나시오날』은 그 정도 수준의 문학 감상은 습관적으로 하고 있는 셈이다. 정직한 게 무슨 소용인가! 『라 가제트』지는 뭐든 다 벼락치듯 공격한다. 『르 시에클』지는 대단한 지성이 없어도 연극 비평을 할 수 있다는 편리한 구실을 찾아냈는데, 바로 그들 3천 명에 이르는 그들의 구독자 수준이 그렇게 높지 않다는 것을 스스로 인정한 것이다. 그런데 우리 시대 가장 뛰어난 지성 가운데 한 사람이 이런 말을 했다. "저열하고 우둔한 것은 바로 신문이다."

군소 신문 비평가

5개 품종	1	자객
	2	허풍꾼
	3	낚시꾼
	4	익명
	5	게릴라

허리춤에 손을 얹고 있거나 깃털 펜을 모자 위에 꽂고 가만히 서 있는 몇몇 자객들을 제외하곤 이 하위 종 대부분은 군소 신문사 편집기자로 있다. 파리에는 추문과 악담, 푸념만 써대는 신문사가 20여 개 있다. 이들 다수는 언론계에서 가장 경박한 축에 드는데, 명민하면서도 사악하다. 거의 대부분 언론계에 막 입문한 초보자인데 이 가운데 시인도 상당수

다. 이들은 좀 더 위상이 나아지기를 꿈꾸며 당분간 이런 작은 신문사에 우글우글 모여 있는 것이다. 양지바른 곳에 모여드는 각다귀처럼 햇살의 은총을 받아 그저 **공짜로** 살거나 출판사나 신문사가 던져 주는 게 있으면 그거라도 받아 기쁘게 먹겠다는 일념 하에 작은 신문사지만 참고 다니는 것이다. 그런데 출판사나 잡지사에 어떻게든 들어갔다 치자. 시간과 청춘을 그곳에 갖다 바치다 보면 그럴 듯한 문학 작품을 생산하는 대업은 점점 멀어져만 간다. 이 용감한 청춘은 문학적 재능이 있으면 사상은 없어도 된다고 생각하는지 언젠가 올 뮤즈만 기다린다. 그러다 신문 몇 단짜리 글과 시 사이에 엄연한 거리가 있다는 것을 심각하게 깨닫는다. 신문사에서 쓰는 기사 문장과 시의 문체 사이에는 광야처럼 막막한 거리가 있다는 것을 깨달을 때가 되면 뇌는 이미 고갈되어 있거나 다 지쳐 문예 비평가 아니면 셰프 자크 같은 편집 기자, 아니면 정부 기관 공무원이 되어 있다. 이 저격수 가운데 몇 명은 자기 분수를 알거나 자산을 활용하여 부르주아로 사는 사람도 있다. 기자 직업은 유지하되 겸업으로 통속극 작가가 되거나 상업적 멜로드라마를 쓰거나 어쩌다 운 좋게 몽티용 상'을 받기도 한다.

자, 우리 견해에 따르면, 언론계에 종사하는 기자의 본래적 형상을 가장 잘 보여주는 게 바로 이들이다. 마들렌 교회 주변에 서 있는 동상처럼 슬픈 표정을 짓고 있는 자들, 빚에 짓눌려 있으면서도 마냥 쾌활한 얼굴, 연애와 사치밖에 생각 안 하는 곱상한 미소년들, 신문사 주식을 조금이라도 가진 기혼남들, 불행 속에서도 기쁨을 느끼려고 애를 쓰는 착한 소년들, 변호사 없는 소송으로 돈을 버는 소송 없는 변호사들, 몰락한 집안의 아들들. 초반의 문학적 갈망으로 질풍노도를 겪는 자들이 바로 이들이다. 이 파리 애송이들이 지껄인 위험한 농담으로 아름다운 문학 기념비는 더럽혀졌고, 가판대 기사들

I   몽티용 상은 아카데미 프랑세즈와 아카데미 데 시앙스에서 주는 상으로 1782년 처음 제정되었다. 프랑스 사회의 미덕과 풍속에 기여한 문학 작품이나 비평을 쓴 작가들에게 준다. 발자크는 이 상을 싫어했고, 보들레르 역시 이 상에 대해 비판적이었다.

의 흉악함에 행인들의 눈은 피로하기 그지없다. 소금의 짠내같이 자극적인 기사는 여기 다 모여 있고, 이들의 불꽃놀이로 기념비들은 다 불타 흉물처럼 골조만 남았다.

제1품종
자객

자객은 이름을 얻길 원한다. 아니 적어도, 대작가를 공격하여 유명해지고 싶은 것이다. 책과 **드잡이를 해서 그 등뼈를 부러뜨려야** 비로소 제 이름이 알려지는 것이다. 그는 공공연한 도살자다. 문학계의 백정 같은 놈은 작품을 놓고 분석하는 게 아니라 잘게 해체한다. 검토하는 게 아니라 죽여 놓는다. 사람들이 자기 펜의 위력에 감탄한다고, 기염을 토하는 이성적 사유와 희생자를 잘근잘근 밟아주는 차형車刑의 은총을 칭찬한다고 생각한다. 이들 기사는 사형 집행과도 같다. 기사 한 줄당 신문이나 잡지에서 주는

1수를 받는다. 이런 노력에도 불구하고 언론에 관해 넘칠 정도로 많은 저서가 나오면서 이 자객도 이젠 별 볼 일 없어졌다. 우리 시대는 격동의 시대이다. 거리에만 나가도 자기 일로 바쁜 사람들로 넘쳐난다. 18세기에 장-자크 루소를 그것도 생애 말년에 유배 생활하게 만든", 그런 중상모략과 비방에 사람들은 더는 관심을 두지 않는다. 지금 장-밥티스트 루소"'의 노래는 차라리 친절할 정도이며 아무

II   1789년 프랑스 혁명 정신과 인권선언 및 헌법 초안에 많은 영감을 준 『사회계약론』(1762)을 발표한 장-자크 루소에게 구속영장이 발부된다. 루소는 다른 나라로 피신하고, 여러 도시를 전전한다. 루소에 대한 수많은 비방 기사들이 난무한 가운데, 루소는 훗날 에르므농빌에 정착하여 그곳에서 『고독한 산책자의 몽상』(1778)을 쓰다 생을 마친다. 이 책의 두 번째 산책에 소개되어 있지만, 메닐몽탕 언덕을 산책하며 사색과 몽상을 하다 이곳에서 흔히 볼 수 없는 신기한 식물들을 관찰하느라 정신을 딴 데 팔고 있던 루소는 달려오는 마차를 미처 보지 못하고 이 마차에 놀란 개 한 마리한테 부딪혀 의식을 잃고 쓰러진다. 그런데 이 소식이 와전되어 신문에 그의 사망 기사가 난다. 이를 알게 된 루소는 자신의 죽음을 기뻐하는 사람들의 면면을 짐작하며 자신을 능멸하고 학대하며 고통을 줬던 인간들에 대해 혐오감과 공포감을 다시 갖게 된다.

III   발자크는 루소와 성이 같은 비평가를 일부러 풍자삼아 등장시킨 듯하다. 장-밥티스트 루소(Jean-Baptiste Rousseau, 1671~1741)는 프랑스의 시인이자 극작가이다.

도 그의 글을 몰두해 읽지 않는다. 아마 그 공격 대상이 된 자만 상처를 받을 것이다. 언론의 문예 비평이 그간 프랑스 문학에 어떤 짓을 했는지 잘 보여주고 있는 것이다. 기사로 쓴 비평을, 작가 앞에서 말로 한다면 따귀라도 한 대 때리겠지만, 자객은 이 글을 종이에다 발표하니 그럴 수도 없다. 그러나 비방당한 자는 괴로워도 차라리 명예로운 일일 수 있다. 왜냐하면 명예를 잃는 것은 도리어 그 자객이기 때문이다. 자객은 자신의 시샘이나 초라함을 감추기 위해 두꺼운 외투를 걸친다. 그들에 따르면 프랑스어를 능욕했거나 지나치게 순응적이고 타협적인 정신상태를 보였기에 혼내주는 것이라고 한다. 아니면 파멸에 이를 정신 사조를 갖고 있기에 이를 막아야 한다는 것이다. 즉, 예술을 구하기 위해 그런 것이라고 한다. 대비평가들(우리는 앞에서 보았다) 가운데는, 이런 내막을 모를 관객들을 괜히 의식해 이 싸움에 휘말려든 경우도 많다. 가게에서 소란을 피우듯 품위를 잃고 싸우게 되는 것이다. 논쟁에서 이기려 무리수를 두다 보니 자기 우상을 배반하는 일도 생기고 결국 남은 양심에 얼룩까지 생겨 그간 틀렸거나 거짓에 가까운 찬사 글이나 비방 글을 자기가 왜 썼는지 자책하며 흐느끼기도 한다.

명제
누군가의 사상을 비방하거나 중상모략하는 것을
교정할 치안 정책은 없다.

얼굴 두꺼운 비평가는 책 한 권을 왜곡해 놓고는 책무 때문이었다고 변명한다. 자기한테 지불한 투자가가 조만간 자신을 그것으로 판별할 거라서 어쩔 수 없었다는 것이다. 공공 문학 광장에 가면 100행짜리 기사는 3프랑이면 써주고, 한 면은 60프랑이면 원하는 대로 써주는 자객을 심심찮게 만나볼 수 있다.

이 자객은 문학계에서 기획하는 모든 것을 매복하고 지켜보고 있다가, 만일 어떤 기업의 제작자가 자기를 **써주지** 않으면 그 기업을 공격한다. 그에게 입 벌린 돈주머니를 가지고 와주면 자객은 칼을,

그러니까 펜을 칼집에 다시 집어넣는다.

예: 한 출판사가 생리학 시리즈를 기획한 적이 있다. 그런데 자객은 『담배에 관한 생리학』을 500프랑에 제시했고 출판사는 이를 거절했다. 그러자 이 자객은 이튿날 한 작은 신문에 다음같이 써댔다.

생리학이란 전에는 꽁무니뼈의 메커니즘이나 태아와 촌충의 진화 같은, 그러니까 젊은 여자나 어린아이의 마음과 정신을 함양하는 데 그다지 적절하지 않은 것을 우리에게 전해주던 아주 예외적인 학문이었다. 그런데 오늘날 생리학은 그게 뭐가 됐든 부정확하게 말하거나 쓰는 기술을 알려주는 파랗고 노란 작은 책인데, 거리의 행인을 턱이 빠지도록 웃게 해줬다는 구실로 20수는 주고 사야 한다.

만일 당신이 담배 평가사의 생리학에 관해 쓴다면, 당신은 담배가 뇌를 맑게 하고 깊은 사유를 하게 하지만, 코를 상하게 하고, 기관지를 잡아먹으며 결국 나쁜 습관이 될 것이라고 쓸 것이다. 그러나 끝

207

에 가서는, 침대에서 코담배를 들이마시면 여자들이 그 냄새를 국소적으로 조금만 맡아도 자극을 받아 진한 사랑을 나눠 줄 것이므로 담배는 사랑의 한 요소라고 쓸 것이다. 출판사가 이를 재밌다고 해주면, 이제 당신은 담배는 옷 세탁물을 망치고, 코점막을 자극해 코를 풀어야 하지만, 슬픔을 가라앉히는 데 좋아 화장실에서 특히 최고라고 쓰면 된다. 담배를 마치 16세기의 살방디 백작[IV]이라 할, 포르투갈에 대사로 가 있던 니코[V]가 전해준 뛰어난 재채기 유발 의약품으로 소개해도 좋을 것이다. 이런 내용만으로도 몇 장은 쓸 수 있고, 여기에 삽화를 장식하면 10만 부는 팔릴 것이다.

IV   나르시스 아실 드 살방디(Narcisse-Achille de Salvandy, 1795~1856): 왕정 복고기와 7월 왕조 시절의 정치인이자 작가이다. 정부 자문위원을 지냈고 교육부 장관을 지냈으며, 아테네 화파를 창시하고 고문서 화파의 기능을 정비한 사람이다.

V   장 니코(Jean Nicot, 1530~1604): 프랑스 외교관으로 포르투갈에서 담배를 처음 프랑스에 도입해온 자로 알려져 있다. 프랑스 언어 주해서에 그는 담배를 자신의 성을 따 '니코티안'이라 올렸고 이것이 오늘날의 '니코틴'이 되었다.

당황한 출판사는 『담배에 관한 생리학』 원고를 사겠다고 급히 연락해올 것이다. 이튿날 자객은 다른 신문에 이 생리학을 찬양하는 기사를 다음과 같이 내보낸다.

18세기에는 카를랭[1] 개가 유행이었다. 오늘날에는 생리학이 유행한다. 생리학은 파뉘르즈의 양떼처럼 줄지어 달린다. 파리 사람들은 그것을 서로 가지려고 안달이다. 지식인이 한 달은 걸려야 얻을 수 있는 지성을 20수만 내면 안겨주기 때문이다. 그러니 어떻게 이것 말고 다른 것을 읽겠는가? 이 작은 책은 우리 시대 최고의 지성에 의해 쓰인다(27명의 유명 작가가 있다). 게다가 생리학은 요즘 모든 살롱의 탁자 위에 크레용 몇 번만 죽 칠해 농담과 익살을 독점하고 있는 작가들의 작품과 함께 놓여 있다. 생리학은 반드시 웃음이 필요한 여성에게도 필수

---

[1] 콧망울이 검고 납작한 개를 가리킨다. 우리나라에서 프렌치불독이라고 부르는 개처럼 생겼다.

불가결한 책이 되었다. 토니 조아노와 알프레 드 뮈세가 쓴 여행이나 스탈과 그랑빌, 기타 등등의 작가가 쓴 동물의 사적 생활과 공적 생활 장면 같은 매력적인 책을 좋아한 여성이라면 이 생리학 책도 꼭 읽어야 한다.

제2품종
농담꾼

농담꾼과 자객은 차이가 있는데, 농담꾼은 웃기기 위해 웃기다 보니 실수로 여론에 휘말려 비방하게 된 자다. 필요하면 자기가 방정떤 것에 대해 용서를 구하지만, 필요하면 잇속에 따라 또 공격한다. 엉터리 같은 대중물은 태워 없애야 한다며 불을 지르고, 구닥다리 같은 것들은 그것들이 붙어 있는 나무를 뒤흔들어 그래도 붙어 있는지 본다. 만일 떨어지면, 파르나스 산골짜기에 들어 있던 해충들을 없앴다고 자랑하면서 다음 목표물로 넘어간다. 농담꾼들은 『콩스티튀시오넬』에 달라붙어 있는 무정부주의자들 같은 히드라를 죽임으로써 이 신문을 죽인 적도 있다. 히드라란 구독자에게 열락과도 같은 기쁨을 주는, 정기적으로 등장하는 정치동물이다. 이게 거미 음악광 같다며 비난하면서 결국 동물을 수레에서 끌어낸 것이다. 어떤 공연이 발표되기도 전에 가장 재미난 장면을 먼저 공개함으로써 **산통을 깨는가** 하면, 어떤 학설이 발표되기도 전에 평가 절하함으로써 명예가 전부인 학자들을 바보로 만들었다. 이들은 누군가의 사업을 방해하는가 하면 새끼손가락도 들어가지 않을 만큼 작은 구멍에 팔뚝을 집어넣어 큰 구멍을 내놓는다. 아무것도 아닌 것을 과장해 큰 일로 만들어놓는다는 말이다. 그것만인가! 경미한 죄를 어마어마한 중죄로 만들어놓는다. 큰 신문사가 큰 대포를 들고 전투에 나가면 소총이라도 들고 나가 지원사격을 한다. 이런 악행을 암암리에 저질러놓고는 태연자약 거리로 나가 외투 호주머니에 손을 집어넣고 입에 담배 한 개비 꼬나물고 유유자적 활보하며 손봐줄 만한 만만한 놈이 어디 없나, **죽여버릴 놈**이 어디 없나 탐색한다. 이 자에게 10프랑만 손에 쥐여주면 떠벌려 주므로, 웃긴 소재는 그에게 공금과도 같은 것이다. 부자도 좋고, 사자 같은 용맹한 자도 좋고, 선행도 좋고, 범죄도 좋고, 사업도, 채무도 다 좋다. 잘 나가든 못 나가든 뭐든 좋다.

오르레앙 공작이 사망하자, 가날 씨[VII]는 시신을 방부처리 하고 싶었는데, 이 공작의 전담 외과 의사가 그런 작업을 할 권리는 자기한테 있다고 주장하였다. 장례식을 갔다가 두 사람 사이에 분쟁이 있음을 간파한 한 농담꾼 기자는 이렇게 말했다.

"기사감으로 딱이군!"

기사가 나오자 사람들은 이 외과 의사와 가날 씨, 그리고 방부 처리 과정을 다 조롱했다.

VII   장-니콜라 가날(Jean-Nicolas Gannal, 1791~1852): 약사이자 약학자이며 발명가로 근대적 시체 방부처리 및 보존 기술을 고안해낸 자다.

또 푸리에^{VIII}의 이론을 알리기 위해 '팔랑주'^{IX}를 만들자, 농담꾼 기자는 푸리에 철학 안에서 10개의 기사를 끌어냈다. 가령, 그 기사는 이렇게 시작한다.

생-시몽은 부자 한 명의 재산으로 빈자 스무 명을 살릴 수 있다고 주장한다. 그러나 시험 채점 및 교정자 출신인 푸리에의 4개 운동론은 전혀 다른 사회 철학이다. 이제 팔짱낀 채 일하게 될 것이고, 발바닥에 굳은살도 안 생길 것이며, 소송 대리인은 고객으로부터 동전 한 닢 안 받아도 돈을 모으게 될 것이며, 말 뒷다리는 거리에서 이미 다 익어 돌아다닐 거고 닭고기도 알아서 꼬치가 될 것이다. 우리가 50살쯤 되면 32피트의 작은 꼬리가 생겨 우

VIII   샤를 푸리에(Charles Fourrier, 1772~1837): 프랑스의 공상적 사회주의자이다. 프랑스 혁명은 실현되었지만, 상업 자본주의 모순은 그대로였다. 푸리에는 특히 유통 분야의 모순을 적시하며 농업을 기초로 한 공산주의적 생산협동 개념을 생각해냈다.

IX   Phalange는 원래 창과 검으로 무장한 보병 밀집 부대를 가리키는데, 여기서 착안하여 푸리에는 노동 생산성과 경제적 평등을 동시에 가능하게 할 공산적 집산체 단위를 만들어냈다.

아하고 고상하게 다듬어야 할 판이다. 달은 위성이
라나? 아니, 작은 달들을 만들어낼 것이고, 거위 간
파테는 밭에서 자라고 있으며, 구름이 샴페인을 뿜
어대고, 눈이 녹으면서 과일 펀치가 될 것이다. 천
한 하인들이 프랑스 왕이 될 것이고, 10수가 40프
랑의 가치가 될 것이다. 기타 등등, 기타 등등.

　　자스맹은 잡지에 글이 하나 실리자, 파리인들
에게 지방에도 준비된 재능이 있다는 것을 알릴 기
회라 생각하고 파리로 상경한다. 그러자 농담꾼 기
자들은 이 시골 시인을 놀려대는데 이런 몇 줄만으
로 충분하다.

　　그 유명한 자스맹 씨가 파리에 상경하셨다. 친구인
　　빌맹 씨가 베푼 눈부신 만찬에서 이 유명 시인은
　　매력적인 자신의 애가를 다음처럼 낭송했다.

**　　알 수 없을 맨큼 부드러코 부드러웅 게**
**　　퍼런 허늘과 초록 들판인디**
**　　부끄러바 그런지 무서바 그런지**

작은 냇물 우를 살포시
종달새가 날아뿌리네!ˣ

이 매력적인 시는 아무도 이해하지 못했지만 만찬
장의 분위기를 후끈 달아오르게 만들었다.

할 일 없이 문학계에서 노는 사람을 조롱하려
면 마음먹고 그 자만 알뜰살뜰 보살피면 된다. 가령
매일 아침 이런 식으로 그를 다루면서 농담을 약간
섞으면 된다.

얼마 전부터 러시아는 우리 명사 가운데 한 사람을
살 필요를 느꼈다. 특히 가셴 드 몰롱ˣⁱ이라는 통속

ˣ   원문은 프랑스 지방 사투리를 풍자하여 거의 존재하지도 않는 프랑스어 단
     어로 쓰여 있는데, 특히 모음을 오우(Ou), 오(O) 등으로 길게 늘여빼어 남부
     특유의 지방 억양을 강조하고 있다. 부득이하게 우리나라 어느 지방 사투리
     비슷하게 옮기는 점을 양해 바란다.

ˣⁱ   이 이름은 발음하기도 어렵거니와 일부러 풍자하느라 같은 단락 안에서 이
     름을 계속 바꾼다. 주로 자음과 모음의 순서를 살짝 뒤바꾸어 이름을 가지
     고 장난을 치는 것이다.

극작가를 염두에 두었는데 사실 그가 갖고 있지도 않은 재능을 가지고 있다고 생각해 그런 주장을 한 거였다.

어제 저녁, 갈롱 드 모셴[XII] 씨가 귀가를 해보니 집에 차르가 보낸 사신 세 명이 와 있었다. 차르는 그가 러시아로 와주기를 오래 전부터 학수고대 했다. 사신은 황제가 보낸 것이라며 백금으로 된 23개의 코담뱃갑과 서로 아주 비슷하게 생긴 다이아몬드로 장식된 12개의 초상화와 16부아소[XIII]에 달하는 루블 지폐를 내놓았다. 이 선물 대가로 니콜라이 1세가 바라는 것은 오로지 그로셴 드 몰르퉁[XIV]과의 우정뿐이라는 것이었다. 하지만 이 모든 간청에 귀를 막은 듯, 갈렌 드 모숑[XV]은 분개하며, 선물을 뒤로 물리고 이렇게 말하며 사신들을 돌려보냈다.

XII   앞에서는 가셴 드 몰롱이라는 이름이었다.

XIII   원래 용량을 재는 단위. 약 13리터에 해당한다.

XIV   바로 앞에서는 갈롱 드 모셴이었다.

XV   바로 앞에서는 그로셴 드 몰르퉁이었다.

"당신 황제에게 전하시오! 프랑스의 적들이 주는 것은 결코 받을 수 없다고 말이오!"

이런 비슷한 예들이 있다면야 우리 시대가 완전히 미덕을 잃은 것도 아닌가 보다.

제3품종
낚시꾼

모든 군소 신문사는 구독자 수에 따라 기자에게 기사 한 줄당 5상팀에서 10상팀을 지불한다. 『르 샤리바리』[XVI]는 작은 신문사 가운데 일종의 마타도르[XVII]로 매일 풍자화 하나를 실으면서 시사적인 논점

XVI 이 신문은 프랑스 최초의 풍자 일간지로, 1832년부터 1937년까지 발행되었다. 7월 입헌왕조 시절 당시 야당, 즉 공화주의자들의 입장을 대변하는 신문이었다. 샤를 필리퐁이 1832년 12월 1일 창간하였다. 웃음을 불러일으키며 촌철살인 하는 오락적 취향을 그대로 유지하면서도 정치계에서 상당한 영향력을 발휘하였고, 귀스타브 도레, 앙리 로슈포르, 오노레 도미에 등 당시 가장 잘 나가는 풍자화가 및 삽화가들이 이 신문에 그림을 그렸다.

XVII 마타도르는 스페인 투우 경기에서 주요 역할을 하는 투우사를 뜻하는데 '죽

을 보여주는 유일한 신문사다. 이 풍자화를 다 모아 놓으면 언젠가 분명 우리 시대 가장 소중한 물건이 될 것이다. 제 아무리 능숙한 작가라도 하루가 멀다 하고 앵그르\`\`\`\`\`\`나 위고 같은 위대한 재능을 조롱해 보라고 한다면, 한 달은 걸려야 나올 것이다. 그러나 『르 샤리바리』만큼은 발을 들고 뛰어서라도 이를 해내고 만다. 『르 샤리바리』에서는 3일 단위로 도미에\`\`\`가 그린 풍자화가 실리는데, 그림 밑에 폭소를 터뜨리지 않을 수 없는 4행 정도의 글이 있다.

이다'라는 뜻의 동사 '마타'에서 파생하여 살인자라는 뜻도 있다. 발자크가 『르 샤리바리』 신문을 이렇게 표현한 것은 두 가지 의미를 다 갖는 듯하다.

XVIII 장 오귀스트 도미니크 앵그르(Jean Auguste Dominique Ingres, 1780~1867): 오달리스크 그림으로 유명한 프랑스 신고전주의 화풍의 대가이다. 화폭에 붓질 흔적 하나 없는 완벽한 화법으로 유명하다. 그와 동시대 화가인 들라크루아는 반대로 화폭에 붓질이 그대로 남는 화법을 선보였다. 현재 파리 오르세 미술관에는 두 화가의 그림이 서로 마주하고 있다. 들라크루아는 앵그르의 전시회에 갔다가 입구에서 조금만 그림을 둘러본 후, 이내 "아, 숨이 막혀 질식할 것 같네!" 하고 그 자리를 떠났다는 말이 있다.

XIX 오노레 도미에(Honoré Daumier, 1808~1879): 대표적인 19세기 프랑스의 판화가이자 삽화가, 풍자화가로 왕성한 활동을 펼쳤다. 발자크의 인간희극을 주제로 한 그림도 많이 그렸다.

가바르니[XX]의 풍자화 역시나 정말 기가 막힌 풍속 장면과 함께 역시 웃기고 날카로운 4줄의 글을 붙여 실리는데, 그 자체로 하나의 석판화다. 가바르니는 정말 다작을 했는데, 마치 자기 신문인 양 농담 가득한 풍자화를 매일같이 소개했다. 거의 경범죄 수준이라 할 만큼 이 신문의 풍자력은 대단해 3천 명의 구독자를 확보하고 있다.

기사 한 줄에 의존해 사는 비평가는 낚싯줄만 바라보고 사는 낚시꾼 같다. 최고의 자질이 될 수도 있을 지성을 매일 한 단 또는 두 단 되는 크기의 농담을 조각하는 데 쓰고 있는 것이다. '프티 주르날'이라 부르는 군소 신문사들의 저급한 상상력을 위해 매일같이 문장을 날카롭게 잘라내는가 하면 명민한 정신을 활짝 꽃피웠으니 지칠 만도 하다. 인생을 이리 탕진한 것을 너무나 늦게 깨닫는다. 그런데 본인이 여태 한 농담에 스스로도 속게 되니, 마치

XX 폴 가바르니(Paul Gavarni, 1804~1866): 삽화만 아니라 수채화, 석판화 등도 많이 작업했는데, 보들레르는 『악의 꽃』의 어느 시에서 가바르니의 다소 흐릿하고 빈약한 색채를 비판한다.

페스트 환자를 치료하다 페스트로 죽게 된 의사마냥 웃자고 한 농담에 자기도 전염이 되어버린 것이다. 이런 직업을 갖다 보면, 원기 왕성한 사람도 위대함이라는 감정을 잃게 된다. 왜냐하면 모든 걸 조롱하다보니 모든 게 다 시시해지는 것이다.

능숙한 낚시꾼 비평가는 어디든 적용되는 농담 형식을 고안한다. 마치 계속 사설만 쓰는 사람이 같은 문투로 사설을 계속 쓰는 것과 같다. 이 쪽에서도 위대한 사람이 나온다. 이런 군소 신문사 기자 비평가 중 단 한 사람만이 모든 신문을 종횡무진하며 나름 높은 위상을 가지게 되었다. 이 유명 문예 비평가는 이 작은 문예계에서 벼락 출세한 셈이다. 그는 책을 쓰고 싶었다. 그러나 그의 책은 다 기사 모음집이었다. 대단한 일을 한 것도 아닌데 최소 자기 학파가 생겼다. 그는 농담꾼과 낚시꾼 세계에서 이른바 지고뉴ˣˣ¹ 아줌마, 아니 아저씨가 되었다. 왜냐하면 농담과 익살로 재능을 탕진하다 빈사 상태

ˣˣ¹ 치마 밑에서 많은 아이가 나오는 인형극의 주인공이다.

로 접어든 작은 신문사들에 다시 생기를 불어넣어 줬기 때문이다.

오늘날 군소 신문들은 데뷔 초 왕정복고 시절보다 열 배는 더 세졌다. 당시 가장 잘 나간 『르 냉존』^{XXII}보다 백 배는 매워졌다. 한 연극 작품을 단 여섯 줄로 어떻게 저 세상으로 보내는지 보자.

이 작품에는 남편 두 명이 나온다. 남편 하나는 부인이 바람을 핀다고 생각해 부인을 더 잘 만지려고 자기 어깨 위에다 막대기를 놓고 조정하는 연습을 했다. 그는 여자에게 사는 맛을 가르치는 최고의 방법은 여자를 죽일 만큼 쓰러뜨리는 것이라고 생각했다. 다른 남편은, 처음으로, 여자의 뇌를 활활 불태우고는 흡족해했다. 두 남편의 차이는 거의 없으니, 이런 걸 알려주려고 굳이 통속극을 만들 필요가 있을까? 대중도 아마 우리처럼 생각할 것이다.

XXII Le nain jaune: 노란 난쟁이라는 뜻으로, 1814년 코슈아와 르메르가 창간한 신문이다.

2년 동안, 유명인사들을 모든 분야에서 골라 그 전기를 희화한 신문도 있는데, 가령 이런 모델이 가능하다.

• 조제프 들로름[XXIII]

조제프 들로름은 제네바 근처의 오비브에서 태어났는데, 그의 엄마는 조제프 들로름을 낳다가 죽었다. 그래서 개혁 교회의 목사인 갈리 씨가 대부가 되었고 기독교도인 귀여운 마티아스 부인이 대모가 되었다. 이런 대부모 관계의 영향으로 그는 종교도 왔다갔다 했고, 사상도 왔다 갔다 했고, 상상하는 이미지와 구현하는 스타일도 왔다 갔다 했다.

XXIII 실제 인물이 아니라 작가 생트-뵈브의 작품 『조제프 들로름의 삶, 시, 그리고 사상』(Vie, poésies et pensées de Joseph Delorme, 1829)에 나오는 조제프 들로름을 풍자하면서 동시에 작가 생트-뵈브를 희화한 것이다. 작가 생트-뵈브(Charles Augustin Sainte-Beuve, 1804~1869)의 생애는 대체적으로 평탄했으며, 처음에는 의학을 공부했으나 나중에 문학을 했고, 창작자가 되려고 했으나 결국 나중에는 전적으로 비평에만 투신한다. 빅토르 위고와 우정을 맺으며 위고로부터 '기교의 비결'을 배운다. 그래서 낸 시집이 『조제프 들로름의 삶, 시, 그리고 사상』이다. 부르주아적 현실에 대한 낭만적인 미묘한

스위스 신교파인 조제프의 아버지는 아이의 신체와 정신이 아직도 태아 상태에 머물러 있는 것에 아연실색해, 그러나 아직은 덜 여문 시기이니 일말의 가능성이 있을 거라고 생각하여 아이를 표본병에 넣어 파리 의과대학에 보냈다. 이를 두고 어떤 사람들은 공부를 위해 간 것이라고 했고, 어떤 사람들은 실험 대상이 되기 위해 간 것이라고도 했다.

의학과 교수들은 이 표본병에서 살아 있는 물체를 전혀 보지 못했으므로 햇살이 잘 드는 선반 위에다 그냥 놓아두었다. 조제프는 거기서 풍경과 노란 햇살과 시의 내적 세계의 맛을 절실히 알게 되었다.

취향을 풍기는 시이다. 생트-뵈브는 폭력이나 폭동이 싫어 처음에는 제정에 가담했으나 나중에는 제정이 인간의 영혼과 정신을 구속한다는 것을 깨닫고 제정에서 멀어졌다. 생트-뵈브는 작가들이 의식할 만큼 그는 비평가 중 가장 섬세하고 유연하며 가장 호기심 많고 의구심이 많은 최고의 지성인, 최고의 평론가이다. 그의 지성적 환경에는 18세기 계몽주의, 의학, 기독교적 낭만주의, 생시몽주의, 개신교 등 온갖 사상이 들어 있고, 그는 사상적 변신에도 능한 귀재이다. 그의 비평방법론 중 가장 유명한 것은 바로 한 작가의 역사적 생애 및 자료에 근거해 작품을 연구한 다음 비평하는 것인데 이는 많은 반론과 논쟁을 불러일으켰다. 특히 마르셀 프루스트는 『생트-뵈브에 반하여』를 쓰며 작품 그 자체를 비평하기보다 일종의 사실에 기초한 그의 비평론을 비판했다.

열다섯이 되어서는, 산파가 주목하지 않아 생긴 자신의 비극을 한탄하였다. 산파는 너무 무서운 나머지 고개를 돌려버린 것이다. 아이는 귀여운 빨간 머리털로 태어났지만, 사상이 왔다 갔다 하듯 눈도 될 대로 되라는 듯 처져 있었고, 코는 오드리의 코처럼 약간 휘어져 있었다. 선남선녀들에 대한 경멸이 투영된 몇 개의 소나타와 시집을 발표했지만 별다른 인상을 주지 못했다.

열일곱이 되어서는, 버찌씨와 증류주 한 방울로 돋보기를 만드는 천재성을 발휘하였다. 그 돋보기로 인간 마음속에 자리 잡고 있는 수많은 조잡함과 어리석음을 관찰했다.

6개월 후, 사회적 지위를 열망하게 되었다. 그래서 룰렛을 타고 뤽상부르 공원을 나갔는데, 거기서 익살스러운 학생들을 만났고, 이들은 그를 노트르담데샹 가에 있는 한 현학자의 집 문 앞에 내려놓았다.

장애물 경주를 하듯 고단한 삶을 살던 그는 스스로 죽을 방법을 고안했다.\\\\\ 그의 이름이 활판 인쇄

되면 부활할 수 있을지 보고 싶었던 것이다. 모든 신문이 하는 행동 대열에 그도 비로소 합류한 것이다.

떠벌리는 소리로 가득한 이 무덤과도 같은 소모임 실에서 그는 롱사르도 알게 되었고, 부알로 이전의 옛 문인들도 알게 되었으나, 거기서 나오자, 이번에는 죽은 자들 또는 살 수 없는 운명을 가진 자들에게 끌리기 시작했다. 이번만큼은 정말 확고한 취향이었다.

그래서 폐결핵 환자들의 가슴 속과 여성 문인들의 암 속에 들어 있는 것을 세심하게 분석했다. 그래서 이 순수 문학주의자들의 납골당에서 보나르댕 드 젝스의 작품이나 피츠타미넬 드 로잔, 그밖에 다른 작품들도 발견하게 되었다[XXV].

하여 1760년에도 프랑스 언어가 있었다는 것을 타

XXIV 앞의 각주에서 생트-뵈브의 생애를 소개한 것처럼, 여기서 스스로 죽을 방법을 고안했다는 것은 비평가로 사는 법을 택했다는 함의이다. 이 단락은 모두가 문예 비평가를 비판하는 풍자이다.

XXV 이 모든 이름들은 생트-뵈브의 작품 속에 나오는 것이다.

당하게 밝혀냈고, 중간휴지의 기원도 조명하게 되었다.

『르 나시오날』을 운영하던 시절 마르그리트-마리 알라코크[XXVI]의 역사도 출판했다. 아침에는 생시몽주의자가 되고 저녁에는 귀족주의자가 되었다. 완벽히 독립적인 사상을 갖고 있어서인지 『르뷔 데 되 몽드』 사주들의 관심을 끌었다. 하여, 조제프는 전혀 다른 세계 출신이었지만 기가 막히게 이곳에 안착했다. 왜냐하면 그는 늘 무덤 저편에 있었기 때문이다.

8월이면, 『1월의 사상』이라는 제목의 책을 출간했고, 안개로 가득한, 수많은 프랑스어 오자가 있는 시집을 출간했다.

이 대시인에게 최근 낯선 환영이 나타났는데, 바로 전기 작가나 철학가의 깃털 펜을 한번 잡아보면 어떻겠는가 하고 점지하고 갔다는 것이다.

XXVI 마르그리트-마리 알라코크(Marguerite-Marie Alacoque, 1647~1690): 성심회 소속 수녀로, 신비주의적 일화를 많이 남겼다. 1920년 성인품에 올라 성녀로 인정되었다.

죽음, 무덤, 그리고 잡지가 조제프 들로름을 다시 젊게 만들었다. 36세가 되자, 그의 팔다리는 유연해졌고, 정말 살아 있는 사람처럼 되었다. 마흔이 되자, 말 그대로 유아기로 다시 돌아갔다. 아이처럼 부정확하게 표현해도, 모국어인 제네바어\\\\"를 쓰고 있어 몇 사람은 이해했다.

이제 그의 머리카락은 도금이 벗겨진 가구처럼 색이 바랬다. 치아도 다 썼다. 어찌 보면 인간으로서 첫발을 뗀 이유기를 막 벗어난 아이처럼 된 것도 같았다. 지난날의 실수를 후회하고 예전에 쓴 공책을 찢어서 꼬꼬닭을 만들거나 작은 종이배를 만들었다. 그리고 미래의 아카데미 회원처럼 말했다.

\\\\" 스위스의 제네바는 프랑스에 바로 인접해 있는 도시이다. 지도상에서 보면 스위스 국경 윤곽선 가운데에서도 유독 왼쪽으로 툭 튀어나와 프랑스의 품으로 뛰어들어가는 형상을 하고 있는 부분에 제네바가 위치해 있다. 하여 흔히 제네바를 프랑스의 몸과 정신에 안긴 나라라는 표현을 쓴다. 스위스에는 여러 공용어가 있지만 제네바는 특히 프랑스어를 쓴다. 장-자크 루소도 제네바 태생이다. 위 인용 문장에서 "모국어인 제네바어를 쓰고 있어 몇 사람은 이해했다"는 표현은 사실상 프랑스어이지만 억양이나 톤은 스위스인 특유의 프랑스어라 파리 프랑스어와는 또 다르다는 면에서 그 이중성을 함의한 말이다.

그는 정말 대단한 감각을 증명했다. 레지옹 도뇌르 훈장을 거절하고 다른 명예로운 자리를 가져갔기 때문이다. 이제 그의 전성기다. 글은 거의 쓰지 않는 듯하다. 반면 그는 두더지처럼 행동한다. 그의 문학적 관점이 두더지와 닮아 있기 때문이다.

어느 날, 구제원 이사회는 기아 접수구 제도를 폐지하겠다는 정말 파국적인 결정을 내렸다.\\\\\\\\ 그러자 영악한 군소 신문사들이 너무나 신랄한 기사를 세 개나 내보냈고, 그러자 구제원 이사회는 결정을 재고할 수밖에 없었다. 이것은 그 첫 번째 기사의 일부이다.

• 버려졌다 발견된 아이들이 다 사라졌다!

파리 시는 매년 부모 없는 아이들을 4천 명씩 거둬

\\\\\\\\ 원문에는 별다른 서술 없이 바로 이 단락이 이어지지만 앞의 인용과는 다른 글을 발자크가 재차 인용하는 것 같다. 즉 또다른 낚시꾼 기사 비평의 예이다.

들이고 있다.

어머니가 되는 행복을 맛보았던 젊은 여자들이 급히 와서 아기를 길모퉁이 눈길 위에다 버리고 가는 일이 많았다. 성 뱅상 드 폴˟˟ˣ은 이 아이들을 다 주워다 모으는 지극히 선한 일을 도맡았다. 벽난로 앞에 놓여 있는 수많은 아이가 바로 이런 감동적인 일화를 증명해주고도 남았다. 모두가, 어느새, 자식 많은 집안의 가장이 되어버린 성 뱅상 드 폴의 아들이 되었다. 어디다 둬야 할지 모를 정도로 많아진 이 무지막지하고도 곤란한 환경 속에서 아이들은 코감기에도 익숙해졌고 무럭무럭 자랐다. 아이들은 갈수록 늘어났다. 그러자 누가 건물 하나를 지어줬고 아이들은 보육원 아이들처럼 그곳에서 먹고 잤다. 눈길 위나 다른 비위생적인 장소에 아이들을 놓고 가는 어머니들이 느낄 양심의 가책을 조금이라도 덜어주려고 갓난아기를 놓고 갈 수 있는 기

˟˟ˣ 성 뱅상 드 폴(Vincent de Paul, 1581~1660): 실제로 버린 아이들을 구제하고 양육하는 데 일생을 바친 신부이다. 평생을 가난한 자들의 비참한 물적, 정신적 생활을 구제하는 데 헌신하여 1737년 성인품을 받았다.

아 접수구를 개설해 밤낮으로 개방했다. 그러니 추운 눈길을 선호할 이유가 전혀 없었다. 이를 남용하는 사람들도 나타났다. 성 뱅상 드 폴이 이 일을 시작한 이래 아이들의 숫자는 갈수록 늘어나고 부풀었다. 그런데 아이들만 놓고 가는 게 아니라 몸이 졸아든 고약한 냄새 나는 노파들도 놓고 갔다. 인사불성이 된 취객들은 고주망태가 되어 몸을 가누지 못하는 친구들을 거기에 밀어 넣고 가기도 했다. 그러자 구제원 당국은 이사회를 소집하고 다음과 같은 행정명령을 내렸다.

기아 접수구를 폐지한다.

어머니의 비밀을 유지해 주고 그 용이성을 도모하고자 이 제도를 마련하였으나 이로 인해 버려진 아이들의 수는 급격하게 증가했다. 더욱이 우리는 소요 비용을 감당할 수 없게 되었다.

한편, 비밀을 유지해 주기 위해 마련된 이 최소한의 조치가 사라지면 어머니들은 아이들을 다시 눈길 위에 버릴 것이다.

하여, 우리 당국은 아이들을 꼭 버리기 원하는 여성에게만 비밀을 유지해 주기로 하였다. 편리함과 용이성으로 인해 아이들의 유기가 증가하지 않도록 하려는 조치이다. 소녀 또는 여성은 경찰서에 가서 신고서를 작성해야 한다. 그러면 경찰 요원 두 명이 구제원으로 아이를 보내줄 것이고 네 명의 무장 경찰이 소녀 또는 여성을 부모 집까지 무사히 데려다줄 것이다.

이 경찰단에 일자리를 잃은 복권 홍보 악단원도 들어 있었다는 말이 나돈다.

이 조치로 인해 가장 행복한 결과가 나왔다. 이 명령이 시행되고 난 이튿날은 당장 유기가 중단되었다. 대신 지붕 밑 빗물받이 홈통 아래에서 많은 아이가 나왔다. 그런가 하면 우편함 속에 아이들을 던져놓고 가기도 했다. 우편으로 아이들을 보내기도 했다. 손잡이 없는 광주리에 아이들을 넣어 구제원장에게 보냈다. 구제원 건물 수위는 작은 여닫이 창을 통해 아이들을 배달 받았다.

이 경솔한 행정명령이 어떤 결과를 초래했는지 구

제원 이사회는 눈을 똑바로 뜨고 보기 바란다.

네덜란드 왕이 왕위를 포기한다면? 이런 식으로 양위 소식을 알리는 기사도 있다.

기욤 국왕은 1억 2천만의 퇴직금을 받고 업무에서 물러났다. 아, 불쌍한 폐하! 사람들 말이, 이전 신하들에게도 그런 은총을 내리셨다는데.

만일 그르넬 가의 우물에서 물이 솟구친다면, 이런 종류의 농담으로 이 소식을 환영한다. 매일 아침 이런 사건의 소식들이 신문에 즐비하다.

이상한 사람들이 그르넬 우물가에 물맛을 보러 왔다. 물 주전자도 안 갖고 왔다. 왜냐하면 물이 어머어마하게, 충분히, 많기 때문이다.

만일 빅토르 위고가 어떤 극장에서 새로운 극을 상연하면, 이런 식으로 제1막을 희화하여 싣는다.

랑드리	저, 그러니까, 나으리, 말씀 좀 나누시죠. 제가 보기엔 우선 함께 계약서를 쓰시는 게, 모든 점에서 서로 합의를 봐야, 제 생각입니다만, 그게 좋지 않을까요? 이런 방식으로 해야, 소문이 안 납니다. 추문이 안 난다고요.
클레오파스	(낮게) 그러니까 어쩌자는 말이지? (높게) 아! 그거! 네 더러운 혀를 그만 좀 놀려대라! 행동하라고 너를 부른 거지, 말을 하라고 너를 부른 게 아냐!
랑드리	압니다. 그렇지만……,
클레오파스	그렇지만은 뭐 그렇지만! 네 계산속에 대해서는 익히 들어 다 알고 있다. 네가 날 위해 어떻게 하나 보고, 저녁에 어떻게 하나 보고 계산을 해주든가 하겠다.
랑드리	무슨 말씀이신지 전혀 이해를 못하겠습니다……,
클레오파스	어두워진 저녁에 말이다.
랑드리	저녁은 항상 어둡습니다. 이브가 태어난 이

래로요.

클레오파스   이 불한당 같은 놈! 날 짜증나게 하지 마, 내 성질이 언제 터질지 몰라. 알아들었지?

랑드리   글쎄요, 모르겠는데요.

클레오파스   왜 이래, 알아들었잖아.

랑드리   글쎄요, 모르겠는데요.

클레오파스   왜 이래, 알아들었잖아.

랑드리   그렇게 하시겠다면야, 그렇게 해드릴 수, 그러니까 원하시는 게……,

클레오파스   살해!

랑드리   검으로요?

클레오파스   단검이든. 아, 뭐든 상관없어!

랑드리   좋습니다.

클레오파스   대답이 시원찮구나.

랑드리   아니, 무슨 말씀이십니까?

클레오파스   내 말은, 맹세를 하라는 거다. 알아듣겠느냐?

랑드리   알아들었습니다!

클레오파스   그럼 맹세를 해!

랑드리   결코, 천만에요! 전 제 뜻대로 합니다. 제가 무슨 거집니까? 제가 무슨 짐승, 머저리, 바보, 멍청입니까? 나리께서만 왜 조건을 내거십니까? 이거 보십쇼! 전 장사꾼입니다. 나리는 화나 좀 가라앉히시죠. 장사꾼은 말입니다. 그래, 제가 그 일을 하니까 하는 말입니다. 사업에서는 이윤이 남아야 하는 법입니다. 열매를 따니까 그 일을 하는 거죠! 그래, 전 암살자입니다. 좋습니다, 제가 그 일을 하니까요. 얼마를 주느냐에 따라 살해를 하든 말든 한다 이겁니다. 제 단가는 이렇습니다. 들어보시겠습니까? 100뒤카면 확실하게 죽여줍니다. 30뒤카면 부상만 입힙니다. 제 직업은 직업 중의 직업이란 말입니다. 예술이죠, 예술!

클레오파스 좋다! 부르는 대로 주마!

랑드리 좋습니다. 이제 제 칼은 나리 것입니다. 살짝 부상만 낼깝쇼? 아니면 확실히 죽여줄까요? 그 자리에서 즉사를 시키는 편이 좋으시겠습니까? 아니면 잠깐 숨이라도 헐떡거리다 죽

236

게 해줄까요? 상대가 남자입니까? 여자입니까? 이게 다 중요합니다. 저도 영감을 받아야 제대로 준비하니까요. 제 임무를 완수하기 위해서는 다 알아야 합니다. 살해 시간대, 나이, 성별.

클레오파스   곧. 자정을 알리는 종이 울릴 것이다, 오늘 저녁, 성당에서, 별이 창백하게 빛나는 시각에, 너, 혼자, 반드시 혼자서! 아무런 소리도 내지 말고, 생-콤 광장으로 가라……,

랑드리   아니, 그런 성스러운 장소라니, 10뒤카 더 받아야겠습니다.

클레오파스   좋다, 그렇게 하마. 잘 들어라. 우선 어두운 구석으로 가서 몸을 숨겨. 그리고 바닥에 몸을 엎드려라. 그 다음에……,

랑드리   이런 제 푸르포앵```이 더럽혀지겠는걸요. 5뒤카 더 주십쇼.

```  서양화나 삽화를 봐도 많이 등장하지만, 기사들이 주로 입는 몸에 꽉 끼는 남자 저고리의 일종이다.
```

클레오파스 알았어, 알았어. 문이 열리면 한 사내가 나올 것이다.

랑드리 아하, 알겠습니다.

클레오파스 그 자가 혼자이고, 무기가 없으면, 바로 그때 즉시, 네 칼로 옆구리를 찔러라. 깊이 구멍을 내줘.

랑드리 선금은요?

클레오파스 저기 있다, 저 돈주머니에. 널 믿어도 되겠느냐?

랑드리 당연하죠! 당연하죠! 맹세를 하면 저는 지킵니다! 절대 마음이 약해지지 않습니다. 세비야의 명예를 걸고 해드립죠!

클레오파스 난 그럼 편히 잠들어도 되겠지?

랑드리 아! 안심하고 푹 주무십쇼. 혹시 모르니 제가 그 자에게 세 개의 상처를 더 내놓겠습니다. 팔에 하나, 가슴에 하나, 그리고 배에 하나. 자, 이렇게 확실하게 해드리는 게 제 직업입니다.

클레오파스 만일 네가 체포되면?

랑드리   아, 그럼 아까 총액의 두 배를 주시면 됩니
          다. 명예를 걸고 사과처럼 입을 꼭 다물겠습
          니다. 잘 익은 계란처럼, 아티초크˟˟˟ⁱ처럼 절
          대 입도 벙긋하지 않겠습니다. 아니면 랑드
          리는 수다쟁이가 될 것이니, 나리, 사형대나
          잘 지키고 계십쇼!

클레오파스   좋다, 그럼 이 돈 주머니 두 개를 주지. 오늘
          밤 분명 그 자를……,

랑드리   예, 나리 분부 받들어 정확히 해드리겠습
          니다.

    전시회가 열리면, 작은 신문사들이 어떻게 어
깨에 현장懸章을 두른 화가들을 일제사격 하는지
보자.

    쇠락이 없는 것처럼 진보도 없는 루이야르 씨와 앙

˟˟˟ⁱ 식용으로 먹는 식물 이름으로 단단한 여러 꽃잎들이 갑각류 피부처럼 여러
    겹으로 포개진 채 안으로 말려들어가 있어 정말 '잎'⁽ⁱ⁾도 벙긋하지 않을 것처
    럼 생겼다.

리 셰퍼 씨는 그들만의 방식을 조용히 고수한다. 루이야르 씨는 아카주 덩어리로 항상 가시덤불 우거진 것 같은 형상으로 인물의 두상을 조각한다. 그 옆에서 셰퍼 씨는 슬픔이 감도는 단조로운 색으로 진지한 인물들의 초상화를 여느 때처럼 차갑게 그린다[XXXII].

뒤발-르카뮈 씨는 『주르날 데 데바』의 지극히 숭고한 인내와 대단히 명예로운 찬사 아래 호인다운 기질을 발휘하여 이 신문사와 계속 거래 중이다.

자캉 씨는 벽돌색이 나는 약간 불그스레한 색[XXXIII]으

[XXXII] 동시대인이었으면서 전혀 다른 화풍으로 서로 다른 세계를 추구했던 앵그르와 들라크루아를 연상하게 한다. 앵그르가 신고전주의 화단의 거장으로서 기존의 전통을 고수하며 소묘와 선을 중시하되 붓자국이 전혀 없이 튀지 않는 차분한 색으로 정밀함의 극치를 보여주었다면 들라크루아는 기존의 관습을 무시하고 자연의 일렁이는 여러 프랙탈적인 요소들을 살려 복잡한 선들의 에너지를 표출하였다. 앵그르는 보수적인 비평가들이 선호했고 들라크루아는 진보적인 비평가들이 선호했다. 미술사가들은 1863년을 주목하여, 특히 근대미술의 시작으로 보기도 하는데, 이 해는 마네가 〈플밭 위의 점심식사〉를 낙선전에 출품하여 스캔들을 일으키고 인상주의라는 새로운 미술 혁명을 전조한 해이면서 들라크루아가 사망한 해이기도 하다. 화폭 위의 혁명은 이미 들라크루아부터 일어났다고도 본다.

[XXXIII] 우회적인 표현이나 이 불그스레한 색은 사실상 술꾼 같은 얼굴이다.

로 수도승이나 사제의 얼굴을 유쾌하게 그리며 익살을 떤다.

자댕 씨는 왕실 전속 화가로 왕자의 사냥개를 그린다. 자댕 씨의 개들은 최선을 다해 맹견을 연기한다. 개에게 불가능이란 없는 법이다. 그러나 꼼짝도 않고 죽은 척하고 있거나 가만히 발을 내밀고 있는 것이 이 탁월한 동물의 평화로운 성격에 더 맞는다는 것도 쉽게 알 수 있다. 특히 죽은 척 하면서 정말 격하게 아무것도 안 하는 것! 그런데 몇몇 악담가는 개의 발에 대해 논하면서 자댕 씨의 개들은 발이 세 개밖에 없다고 주장한다. 이런 말도 안 되는 중상모략이 있을 수 있는가? 정직한 비평가라면 이를 반박해야 하지 않겠는가? 그 깊은 뜻을 몰라보고 감히 어떻게! 자댕 씨는 탁월한 내공으로 그야말로 대강 자연스럽게 그릴 뿐이다. 특유의 붓질로 개의 털이나 관절 등은 과감히 생략하는 것이다. 그렇다고 자댕 씨가 개의 다리가 몇 개인지, 걸어가는 다리가 몇 개인지 모른다고 할 것인가? 말도 안 되는 소리다. 만일 이 화가가 털이 짧은 개를 그리거나 정성스럽게 털을 바짝 자른 사슴을 그리거나 펠트를 씌운 것처럼 생긴 매끈한 멧돼지를 그린다면 그게 더 쉽고 자연스러워서다. 그게 전부다! 개는 다리가 네 개 있어야 정상이라고 굳이 따질 정도로 너무 섬세한 관찰자가 꼭 있게 마련이다.

또 하나의 일화가 있는데, 오를레앙 공(훗날 루이-필리프 왕이 되는)은 라퐁XXXIV을 방문했을 때 환대를 받았다. 공작은 어수선하게 그려진 그림 앞에서, 자신의 저녁 식사를 위해 물고기들이 구워질 것을 생각하며 물고기들의 운명을 애석해하는 표정을 지었다. 라퐁 지역이니 이런 성찰이 허용되는 것이 가능할 것이다.

"환대는 주어지는 것이지
판매되는 것이 결코 아니다."

자기 유파의 평판을 위태롭게 할 수도 있는 이 모

XXXIV   스웨덴, 노르웨이 등 북부 유럽 지역을 가리킨다.

방자들의 서툰 솜씨 때문에 괜히 앵그르 씨를 원망할지도 모를 일이었다.

곧 있으면 10년이 되어가지만, 이 유파의 화가들은 화폭의 단색이 그들 나름의 성격과 순진함으로 가득하다는 것을 우리에게 보장해왔다. 그들에게 색은 맑고 가벼워야 한다. 이는 재론할 필요가 없다! 앵그르파의 과오는 세 개 톤으로 그림을 다 채우고, 약간 회색을 더해 그림자 윤곽선을 건조하게 고정시킴으로써 그 나름의 진중한 감정을 표현한 것이다. 그런데 이들이 하는 모방은 마치 장례 행렬에 참여한 통곡자들이 자기들도 상복 같은 어두운 복장을 입고 있으니 진정 고통스럽다고 주장하는 것과 마찬가지다. 샤세리오 씨가 그린 라코르데르 경은 그림 틀 안에서 겨우 돋아져 그려진 게 전부다. 이는 도미니코회^{\\\\} 사제로서 모욕을 당한 느낌이 들 수도 있는 일로서, 화폭 안에서도 최대한 뒤로

<hr>

^{\\\\} 탁발 수도회의 하나로 스페인 카스티야의 명문가 출신의 도미니코가 만든 수도회다. 특히 기도와 노동의 시간을 줄이고 대신 면학의 분위기를 강조했다.

물러나 마치 세상으로부터 완전히 물러나기만을 기다리는 사람처럼 그려졌기 때문이다.

정치권 내부에서는 왕실을 기분전환 삼아 놀려대면서 내각을 어떻게 조합할 것인지 여러 경우의 수를 만들어내는 중이다. 이런 조롱을 매일같이 하다 보니 은연중 아주 진지한 주제를 잘 비유한 예도 나왔다. 가령, 다음과 같다.

위고 자작`\\\\\`은 왕실에 소환되었고, 내각을 구성해 달라는 임무를 부여 받았다. 여타 기획과 그 조건이 매우 진지하게 논의되고 수용되었다. 빅토르 위고 자작은 빛과 그림자가 섞인 지상권을 부탁했고, 아름다운 영예와 예술적 정령으로 둘러싸인 옥좌를 부탁했다. 몇몇 난관이 있었지만, 이 두 가지는 합의되었다. 왕실은 아름다운 영예와 예술적 정

\\\\\ 위고 자작은 풍자적인 표현으로 빅토르 위고를 뜻하며, 기관, 제도 등은 모두 시 작품 또는 시 형식을 빗댄 말이다.

령으로 깃든 제도와 기관을 만드는 것에는 동의했지만, 너무 멀리 가지는 말 것을 부탁하였다.

이 장관의 첫 번째 행동은 시구의 다음행 걸치기 및 중간 휴지에 관한 자유법을 제정하는 거였다.\\\\\\\\II

빅토르 위고 씨는 생트-뵈브, 에두아르 티에리, 폴 푸셰, 베르투, 들로네 자작, 알퐁스 브로 등과 뜻을 같이 하는 것이 분명하다.

미래의 내각 요원들은 오늘 저녁 국무성 차관을 뽑기 위한 회의를 주재할 것이다. 폴 드 콕, 알퐁스 카르, 레르미니에 등에게 기회가 올 것 같다. 폴 드 콕은 특별히 영국에서 선호할 것이고, 알퐁스 카르는 프러시아에서 선호할 것으로 보이는데, 프러시아는 크라이슬러 호프만의 옆돛자락을 치켜올리는 밧줄이 될 수도 있을 만한 이 사람에게 상당히 관

\\\\\\\\II 19세기 낭만주의 시인들은 18세기 계몽주의 시대의 엄격한 이성이나 사상 대신 인간의 감정, 서정성, 내면성을 강조하면서 시 형식에 있어서도 전 시대의 엄격한 12음절 시구 원칙을 완화하여 2행 걸치기를 사용하거나 중간 휴지를 더 많이 두고, 각운 등의 운율 및 음향 효과를 만들어냈다.

심이 있기 때문이다.

새로 구성될 차관이 누구냐에 따라 앞으로 구성될
내각의 성격이 결정되며 이후 논쟁도 결론이 날 것
이다. 이 내각은 '르네상스' 내각이라 불리기 원한
다. 음울하고 신비로운 자들이 국가사업을 정말 눈
부시게 빛나는 초인간적인 방식으로 해줄 것을 바
라마지 않는 바다.

그런데 위고 자작께서 방금 이 전적인 권력을 포기
했다는 소식이 들려왔다. 알퐁스 브로 씨가 계속해
서 고집을 피우며 조합을 거절했기 때문이다. 중간
휴지를 유지할 것이냐 말 것이냐에 대한 견해차도
있었다. 알퐁스 브로 씨는 중간 휴지 없이는 통치하
는 게 불가능하다고 믿고 있었다.

피렌체에 있는 알렉상드르 뒤마[xxxviii] 씨에게 기가

[xxxviii] 알렉상드르 뒤마(Alexandre Dumas, 1802~1870): 불처럼 열정적으로 수많은
작품을 낸 낭만주의 문학의 대가이다. 『삼총사』 『몽테크리스토백작』 『여왕
마고』 등을 비롯해 200여 편이 넘는 연극작품을 쓰는 등 어떤 사조에 국한
하지 않고 수많은 장르의 문학적 창조물을 낸 다작의 작가이기도 하다. 여
기서 알렉상드르 뒤마가 언급된 것은 낭만주의 운동과의 어떤 연관성 때문
일 수 있고, 아래 인용된 공화파 기자의 기사는 실제 물건(검찰국이 압수한 물

막힌 편지가 하나 발송되었다. 그런데 정말 다행히
도 그를 상리스(우아즈)\\\\\\에서 만났다는 것이었다.

편지는 하나의 음모였다. 어떻게 공화파의 깃
털 펜이 이를 낚아채 기사로 쓰는지 보자.

불로뉴-쉬르-메르에서 검찰국이 아주 중요한 물건
이라도 되는 듯 바라보더니 압수한 물건이 하나 있
었다. 그것은 조끼 호주머니 시계 안에 넣을 수 있
을 만한 충분히 길고 넓은 폭탄 같은 것이었다. 이
놀라운 귀중품은 사실상 백발 권총과 다름없었다.
형태만 보면 막대기 사탕처럼 생겼다. 이걸 사용하
고 싶을 때는 목에 호루라기처럼 걸면 된다. 간단한

건, 조끼 호주머니 시계 안에 넣을 수 있는 폭탄, 막대기 사탕, 호루라기, 전투용 불, 발명품)이
아니라 낭만주의 운동이 혁신하려 한 시형식 등을 함의한다. 19세기 낭만
주의와 사실주의 유파는 정치적으로도 미묘한 차이가 있었고 공화파 기자
가 낭만주의 문학가들에게 어떤 시선을 갖고 있었는지 짐짓 유추되는 인용
이다.

\\\\\\ 파리가 있는 일드프랑스 오른쪽 옆 지방인 오트 프랑스 지역에 있는 작은
마을이다.

줄이 하나 있는데 그걸 당기면 25분은 지속되는 전투용 불을 얻게 되는 셈이다. 불로뉴 검찰국은 이것을 고안한 자와 그 발명품을 파리로 보냈다. 아마 이 둘 모두 상원재판소의 판결을 받게 될 것 같다.

영광의 빛에 매혹된 한 외국 공주가 있는데, 이 공주를 어떻게 파리 신문들이 일제사격 하는지 보자.

우리는 이미 뷔를레스크^{XL} 풍의 시집 『뮌헨의 아폴론』을 낸 바비에르 왕도 가져보았고—서투르긴 하지만 빅토리아 왕비는 피아노를 친다—크리스틴 여왕은 뒤뷔프의 화풍으로 나폴리식의 붓을 움직인다. 이 왕실 올림푸스산 한가운데 작센 왕가만 그 부재가 빛난다. 지금까지 작센 자기 외에 이렇다 할 작품이 없던 작센 왕가가 드디어 왕실 출신의 뮤

XL   익살스러운, 우스꽝스러운이라는 뜻이다. 고상한 주제를 도리어 비속화해서 희극적 효과를 자아내는 17세기 풍의 예술 양식이다.

즈가 세상에 나왔음을 알려왔다. 프랑스는 피트르-슈발리에 씨가 선전과 포스터를 통해 센의 양안에 이 뮤즈를 알려오기 전까지만 해도 그녀에 대해 전혀 아는 바가 없었다. 그러나 이후 전 파리는 "오…! 오…!" 하고 탄성을 질렀다.

아멜리에 공주는 피트르-슈발리에 씨가 번역한 덕에 자신의 작품이 알려졌으므로 우정으로 이번에는 자신이 그의 브르타뉴풍 소설을 번역해 주었다. 그러자 이번에는 드레스덴에서 "아…! 아…!" 하고 놀랐다.

그런데 아멜리에 공주가 처음으로 피트르-슈발리에 씨를 작센에 알렸는지, 아니면 아멜리에를 프랑스에 처음으로 알린 게 피트르인지 정확히 알 수 없음을 우리는 고백하지 않을 수 없다.

어찌 되었든, 이 우정으로 맺은 번역은 경계가 없었다. 번역은 연속되었고 서로 닮아간다. 관건은 이제 누가 더 빨리 번역하는가였다.

이런 식으로 하다 보니, 이제 아주 이상한 잡탕 같은 결과가 나왔다. 피트르가 번역한 아멜리에를 읽고, 작센 공주가 번역한 슈발리에를 읽으니 이를 읽는 사람들 머릿속에서는 이름 네 개가 뒤섞였다. 이것은 마치 하나의 오믈렛을 만들기 위해 계란 네 개를 뒤섞는 것과 마찬가지였다. 그래서 어느 날 갑작스레, 국가 세비를 받는 아멜리에 공주에게 또 다른 부모가 생겼다.

사람들은 피트르 드 작센의 최신 희곡이나 아멜리에 슈발리에의 신간 소설을 찾기도 한다. 그런 작가는 없으니 결국 못 사게 되지만, 사람들은 그냥 그런가 보다 하고 간다. 정말 자연 속에는 온갖 취향이 있는 법이니!

인간과 사물에 대한 끝없는 조롱 비평이 10년이 되다 보니 혈기를 넘어 뻔뻔해질 대로 뻔뻔해지게 되었다. 나이와 성별을 가리지 않으며 왕실이라고 봐주지 않는다. 여성은 물론 재능 넘치는 작품과 천재적인 작가도 예외가 아니다. 권력과 음모, 중차대한 행위를 무너뜨리는가 하면, 화강암도 이가 나가게 하고 다이아몬드도 잘라냈다! 만일 이름도 모르는 젊은이들이 매일같이 써대는 생산물을 모아 책을 낸다면 『메니페 풍자시』[XLI] 같은 책도 이 책 옆에서는 그 빛이 바랠 것이다. 영악하고 혈기 넘치며 끝없이 공격적인 이 마르지 않는 샘을 보고 최근 (1841) 영국인들은 고백을 한 바 있다. 그들 군소 신문사들과는 비교가 되지 않는, 아니 그 어떤 나라에도, 그 어떤 시대에도 존재한 적 없는 정말 대단한 것이라고 말이다.

이 모든 게 쾌락에 빠진 술탄 같은 도시가 된 이 파리를 즐겁게 해주기 위해 만들어지고 인쇄되는 것이다.

아! 슬프도다. 프랑스가 편협함, 악덕, 마침내 오류까지 세계 최대의 나라가 되었으니!

외국인들은 이런 풍자 넘치는 기자와 비평가가 있는 프랑스에 감탄하지만, 잘 몰라서 하는 말이다. 파리에서 이 영광과 유행이, 아니 모든 종류의

XLI 메니페(Ménippe, 기원전 300년경~기원전 260년경): 시노페(터키) 출신의 시인으로 매우 냉소적인 통렬한 풍자시로 유명하다. 나중에 해방이 되었지만 노예 출신으로 그의 별명은 '몽둥이'였다.

사치가 어떻게 거래되는지를. 심지어 잠시만이라
도 대중의 마음을 파고드는 슬픔마저 어떤 값을 치
루고 팔리는지를. 앞에서 인용한 비평 기사들을 나
중에라도 다시 읽어보기 바란다. 농담의 결작들이
긴 하지만……, 아, 소름이 돋는다!

제4품종
익명

그리시에\^{XLII}의 제자.

XLII 오귀스틴 그리시에(Augustin Grisier, 1791~1865): 검술에 능한 검객이자 작
가이다. 그는 『무기와 결투』라는 책을 쓰기도 했는데, 작가 알렉상드르 뒤마
가 여기에 서문을 썼다. 그는 이 책에 다음과 같은 문장을 남겼다. "어떤 사
건에서 사람을 죽이는 것은 칼과 권총이 아니라, 목격자들이다." 또는 "도발
과 결투일 사이에 3일의 간격을 두어야 한다." 발자크는 가타부타 하지 않
고 이렇게 이 이름만 언급하고 끝낸다. 발자크의 의도는 알 수 없으나 익명
이라는 이 비유어에 그 함의가 있는 건 아닌지 짐작해볼 수 있다.

제5품종

게릴라

3년 전부터 새로운 양식의 출판물이 돌연 나타났다. 월간지 형식의 신문인데, 흰 여백으로 가득하다. 그런데 이런 여백에 별 뜻이 있는 것 같지는 않다. 난롯가에 모여 도란도란 주고받는 작은 일화나 사람들 이야기뿐인데 손에 소총을 들고 대중에게 20수나 요구하고 있다. 곧이어 군인 10명 또는 13명이 이 고안자들을 모방하여 32절판 크기의 군기를 들어올렸다. 그런데 이들 발명품이란 작은 신문들이 매일같이 썼던 것을 이번에는 매달 쓰는 것에 불과하다. 이 작은 책을 쓴 첫 저자는 신문 머리말에 다음과 같은 문장를 새겼다. "나는 내 생각을 모두 말할 것이다. 인간들에 대해서도 사물들에 대해서도 가차 없을 것이다. 이처럼 새롭고 거침없는 글을 감히 그 어떤 신문도 쓰지 않았다."

그러면서 가령 이런 글을 쓴다.

나는 어제 레옹 가타예스[XLIII]와 함께 파리를 떠났지만, 파리는 이를 눈치채지 못했다. 나는 우리 의상의 부조리함에 대해 비판하는 사람이지만, 그때 나도 비로드 정장을 입고 있었다.

태양이 청회색 얇은 면 수평선 위에서 붉게 지고 있었다. 파도는 에트르타 해안가 모래사장 위, 작은 조약돌과 부딪히며 내 발 아래에서 부서졌다. 나의 아름다운 황금빛 가시양골 담초는 비에 흠뻑 젖어 고개를 숙이고 있었다. 구슬픈 갈매기 떼는 거의 미동으로 물결 위를 활강하다가 이따금 그 하얀 긴 날개로 물결을 갈라놓았다. 부드러운 바다 내음이 저녁 미풍 속에 퍼져갈 때, 나는 한 가난한 어부에

XLIII 가타예스(Léon Gatayes, 1805~1877): 하프 연주자이며 작곡가이고, 음악 비평가이자 스포츠 비평가이다.

게 3수짜리 시가 하나를 건넸다. 어부는 오두막으로 곧 돌아갈 것이고 그 오두막 지붕에는 이엉도 없을 것이다. 아니, 절벽 아래 파놓은 동굴 속으로 들어갈지도 모른다.

나의 친구 B 남작이 얼마 전 새로운 소설 하나를 출간했다. 내게 있어 우정은 솔직함을 배제하지 않으므로 나는 이 작품이 정말 매력적이라고 말하지 않을 수 없다.

며칠 전부터 날씨가 음산하더니, 구름이 채를 치듯 굵은 빗방울을 떨어뜨리고 있다. 아라고 씨는 마음이 불편하겠지만, 비가 분명 내릴 징조다.

인간은 충분히 강해서 행복은 혼자 받아들인다. 아무리 큰 행복이어도 말이다. 그러나 아주 작은 슬픔도 인간은 혼자서 받아들이지 못해 친구들을 귀찮게 한다. 따라서 우정은 일종의 기만이다. 우정의 가장 명백한 이점은 불행만큼은 타자와 공유한다는 것이다. (제22판)

티에르 씨^{XLIV}는 키가 작고 안경을 썼다. 그가 언젠

XLIV 티에르는 역사학자이자 언론인으로 1830년 7월 혁명 때 루이-필리프를 국왕으로 옹립하는 역할을 하며 이후 승승장구했으나, 루이-필리프 왕조가 몰락하고, 나폴레옹 3세 시대가 들어오면서 정계에서 물러났다가 이후 1870년 보불전쟁이 발발하자 다시 정계에 복귀, 1871년 파리 코뮌 당시 시민 반란을 제압하고 종국에 프랑스 제3공화국 대통령이 되는 입지전적의

가 재기할 것이라는 나름의 생각을 하면서 우리는
그에게 결코 재능이 부족하지 않다고 분명하게 말
하는 바다.

샹볼 씨는 약간 너무 자주 반복하는 문장을 쓴다.
바로 이 문장이다. "나폴레옹의 정치적 재능은 결
코 부족하지 않다. 하지만 오딜롱 바로[XLV]라면 분명
히 피했을 실수를 하고 말았다."

인물이다.

XLV 오 딜롱 바로(Hyacinthe Camille Odilon Barrot, 1791~1873): 루이 나폴레옹 보
나파르트 대통령 시절인 1848~1949년에 총리를 지냈다.

나는 어제 어느 가게에서 파이프를 하나 샀다. 사긴
했지만, 루이 14세 시대 때 1상팀이었던 것이 이제
20프랑이 되었으니 참으로 믿기 힘들다. 상인은 이
파이프가 해포석海泡石으로 만들어진 것이라 주장
했다. 이런 종류의 파이프는 이른바 바이올린의 장
인 스트라디바리우스처럼 파이프의 장인 퀴메르가
만든 것이라는 것이었다.'해포석으로 만든 파이프'
는 이제 복음서에 나오는 '낙타가 바늘 통과하기'
같은 속어로 남게 될 것이다. '낙타'로 번역된 단어
'카멜루스'는 원래 라틴어로는 '밧줄'이라는 뜻이
었다. 내가 이 두 가지 관측을 하는 이유는 내가 무
슨 초등학교 학업 우등상을 수상해서가 아니라, 이
단어를 반복해서 말할 많은 부르주아에게 약간의
지식적인 장식 요소를 주는 거다. 그래야 20수를
내고 이 신문을 구독해도 그만한 가치가 있다는 생
각을 할 것 아닌가.

아니, 이렇게 새롭고 대담한 글은 그 어떤 신문도 감히 출판하지 못할 것이다.

정치 체제를 바꾸는 데 온 시간을 다 쓴 이 나라에서 이건 유행병 내지 하루살이로 치부할 수 있지만, 책의 판형을 5년마다 바꾸어 새로 내는 것처럼 이 팸플릿 정기 간행물의 미래도 뻔한 것이다. 잡지도 우선 집단을 살펴본 다음, 따로 혼자 하는 사람에 대해 말할 필요가 반드시 있다.

결론

지금까지 언론이 가진 힘을 열거해보았다. 언론은 정치와 문학 분야에서 정기적으로 출판하는 모든 것을 표현하는 말이다. 언론은 정치를 하고 글을 쓰는 사람들의 작품을 판단하며 사람들을 두 가지 방식으로 이끈다. 여러분은 이미 이 기계의 톱니바퀴들을 보았다. 이 기계가 작동하는 것을 보았다면, 그 무대는 런던과 파리에서만 볼 수 있다. 파리를 제외하고는, 그 효과만 볼 뿐 그 수단과 방법을 이해하지 못한다. 파리는 태양과도 같아 세상을 비추고 덥게 하지만 거리를 두고 있다. 파리에서 32킬로미터 정도 떨어진 곳에서는 아무리 유능한 외교관이라도 이 빛의 본질에 대해 정확히 알지 못하며 짐작만 할 뿐이다. 태양은 거품을 떠내는 국자 같다. 언론도 그러할까.

런던 언론은 세계에 대해 파리 언론과 같은 행동을 취하지 않는다. 런던 언론은 영국의 특징처럼 모든 면에서 이기주의를 보인다. 이기주의는 애국주의라 할 수 있다. 왜냐하면 애국주의는 국가의 이기주의나 다름 없기 때문이다. 영국 기자와 프랑스 기자 사이에 존재하는 커다란 차이도 관찰할 수 있다. 영국인은 우선 영국인이고, 그 다음이 기자이다. 프랑스인은 우선 기자이고, 그 다음이 프랑스인이다. 하여, 영국 언론은 외부에서 약간의 이점을 얻어갈지도 모를 경우 정부 내각의 비밀을 알려주는 실수를 결코 범하지 않는다. 반면 구독자를 더 많이 보유하기 위해 프랑스 언론은 정치적 비밀을 떠들어대기도 한다.

명제

기자에게는, 그럴 법한 게 다 사실이다.

내각의 계획을 누군가에게 누설한 일도 있다. 그래서 이 계획을 듣게 된 압델-카데르라는 사람은 이런 말을 한 적도 있다. "프랑스 신문보다 뛰어난 스파이를 나는 아직 보지 못했다." 어제만 해도 한 신문은 프랑스령인 마르키즈 제도가 그 이전에 이 섬들을 점령한 영국과 미국에 소유권이 있다고 주장했다. 그런데 그 신문은 다름 아닌 『르 나시오날』이다.

나폴레옹만 하더라도 추락할지 모를 위험과 언론의 자유 사이에서 주저하지 않았다.

분명, 언론계 사람들과 그 습성을 묘사하고, 소위 사제직을 수행한다고 자부하는 그들이 하는 행동을 보여주는 것이 훨씬 쉬운 일일 터이다. 하지만 사람들보다 사물들, 사안들을 보여주는 것이 훨씬 재미있었다. 오늘날 프랑스의 이 만성적인 병은 전 분야로 확대되었다. 언론은 자기들 법에 따라 사법부도 복종시켰다. 국회의원들도 공포에 떨고 있다. 아마 그 어떤 형법 발명품보다 언론의 기사가 더 잔혹한 형벌일 것이다. 왕실도, 개인 사업장도,

가족도, 이익단체도 다 복종시켰다. 결국 프랑스를 작은 마을로 만들 것이다. 사람들은 더는 국가의 이익보다 신문에 '무슨 말이 나올지'를 더 걱정할 것이다.

이 근대적 신성을 섬기는 성직자 수는 족히 천 명은 될 것이다. 이들 중 실력이 제일 떨어지는 기자라 해도 지식인이다. 형편없다는 평판을 받아도 상대적인 평가이다. 프랑스 언론의 특이함을 언급할 때 빠지면 안 되는 것은, 여성 두 명과 사제 두 명이 있다는 것이다. 지금은 한 여자와 한 사제가 있다¹. 둘 다 긴 드레스를 입고 있다.

구독자들은 신문과 기자 이상으로 설명할 수 없는 자들이다. 구독자들은 자기 신문이 매일같이 불화살을 날리며 증오하던 정치인을 변심이라도 했는지 칭찬하는 것을 두 눈 뜨고 본다. 어제는 평

| 이 여성 두 명과 사제가 누구인지, 이어 나오는 여성 한 명과 사제가 누구인지는 본문 안에 따로 언급이 없다. 삽화를 보면 왼쪽 여성은 조르주 상드 (George Sand, 1804~1876) 같기도 하다. 조르주 상드는 실제로 철학자 피에르 르루와 함께 1841년 『르뷔 앵데팡당트』를 창간했다.

가절하 했던 자를 오늘은 칭찬하는 것을 보았다. 지난밤 아니면 작년에 결투했던 동료와 다시 동맹을 맺는 것도 보았다. 그것뿐인가? 말도 안 되는 학설을 두둔하는 것도 보았다. 그럼에도 불구하고 그 신문을 계속 구독하는 것을 보면 강력한 희생정신의 발로인지 인간 대 인간으로서는 잘 이해가 가지 않는 일이다.

언론은 여자"와 같다. 거짓말을 내놓으면서 그걸 믿을 수밖에 없게 만들 때에는 그야말로 감탄이 절로 나오며 숭고해 보이기까지 한다. 더욱이 이 투쟁에서 그녀는 항상 최고의 실력을 펼친다. 구독자는, 그러니까 대중은 부인한테 꼼짝 못하는 남편처럼 멍청하다.

II   언론을 여자에 비유하는 발자크의 표현은 원문 그대로 옮긴 것이다. 언론이 'La presse', 즉 여성명사여서인지(이런 해석은 억지스러울 수 있다), 아니면 발자크 입장에서 문맥 그대로 여태 기술하고 폭로한 언론의 속성을 여자의 속성에 빗대어 표현한 것일 수 있다. 그런데 이 『기자 생리학』을 쓰던 당시 발자크는 한스카 부인에게 강력한 구애를 보내지만 거절을 받아 매우 힘들었던 시기라는 점을 짐작해보면 발자크의 이런 표현이 이해가 안 되는 일도 아니다.

명제

언론이 없었다면.

그렇다 해도 그걸 고안할 필요는 없었다

사실상 인류는 여러 사건을 만들어냈지만 그 진행을 막을 수 없었던 것이다. 그건 토론보다, 인간의 수다보다―인쇄하든 아니든, 더 우월한 힘이었다.

현 정부는 존속하기 위해 법령 두 개를 통과시켜서라도 살아남으려 할 것이다. 샤를 10세[III]는 법령 두 가지로 소멸했다. 이 두 가지 법령은 아마도 양원에서 다수의 지지로 표결될 것이다.

III   샤를 10세는 1830년 루이-필리프 입헌 왕조가 들어서기 바로 전인 왕정 복고 기간 중, 즉 1824년부터 1830년까지 프랑스의 왕이었다.

문인협회

첫 번째 종 논객		두 번째 종 비평가	

신문기자	• 편집국장-편집주
	  간-
	  주필-사주
	• 테너 가수
	• 전문기자
	• 셰프 자크
	• 도당파
		구식 비평가	• 대학교수
			• 사교계 인사

기자 겸 정치인	• 정치인 • 담당관 • 파견 담당관 • 브로슈어 작가	젊은 금발 비평가	• 부정꾼 • 익살꾼 • 아첨꾼
팸플릿 작가 • 하위 품종 없음 **공염불하는 자** • 하위 품종 없음 **직에 연연하는 자** • 하위 품종 없음 **하나만 우려먹는 자** • 하위 품종 없음 **번역 기자** • 하위 종 사라짐		대비평가	• 사형 집행인 • 취향가

| 신념 작가 | • 예언자
• 무신론자
• 맹신자 | 문예 비평가
• 하위 품종 없음 | |
| | | 군소 신문
비평가 | • 자객
• 허풍꾼
• 낚시꾼
• 익명
• 게릴라 |

문인 협회에 대한 개별 연구에 사용된 이 개요 표는 『두 손 달린 동물 사회의 자연사』에서 발췌한 것이다[IV].

IV   표의 분류법 및 표제 용어 역시 발자크의 풍자적 표현이다.

발자크, 언론의 생리를 직격하다

류재화

영화 〈400번의 구타〉에서 소년 앙투안은 꼰대 같은 학교 선생에게 혼나고, 신경질적인 엄마에게 혼나고, 때론 손찌검도 마다않는 아빠에게 혼난다. 그렇게 아이는 매일같이 어른에게 혼난다. 엄마는 앙투안에게 수학이나 과학은 못 해도 인생을 살아가려면 프랑스어는 꼭 필요하니, 작문 시험에서 5등 안에 들면 1천 프랑을 주겠다고 회유한다. 문학적 영감을 찾아 헤매던 앙투안은 발자크의 소설 『절대의 탐구』를 읽고 유레카를 외친다. 소년은 커튼이 달린 작은 수납장 안에 발자크의 사진을 놓고 초에 불

271

을 붙여 성당의 제단처럼 만든다. 얼마 지나지 않아 커튼에 불씨가 붙고 작은 제단은 활활 타기 시작한다. 불같이 달려와 화를 내는 아빠에게 앙투안은 "발자크를 위해서였어요!"라며 울부짖는다.

　프랑수아 트뤼포 감독은 발자크를 오마주한 걸까? 프랑스어로 가차 없이 한 대 친다는 의미의 '쿠'Coup는 혁명인 동시에 '구타' 그 자체이다. 발자크는 그동안 자신을 실컷 '구타'한 기자와 평론가를 상대로 이번에는 자신이 그들을 실컷 '구타'한다. 『기자 생리학』은 자신을 조롱한 자들에게 보내는 또 다른 조롱이자 풍자이며 명언이 솟구치는 풍자 문학의 전범이다. 그런데 이 작품은 왠지 우울하고 쓰디쓰며 슬프기까지 하다. 그는 문단과 언론을 향해 복수하듯 펜을 휘갈기지만, 그 화살은 마치 자신에게 겨누는 듯 가학적이기까지 하다. 그러나 여전히 자신감 넘치는 발자크는 열정적이고 낙천적이며, 예리하고 단호하다. 이 괴물 같은 작가는 가장 심신이 지치고 곤경에 처했을 때 더욱 고무되어 탁월한 글을 뽑아냈다.

발자크의 평전을 쓴 슈테판 츠바이크는 "그는 더는 글을 쓰지 않기 위해 글을 썼고, 더는 돈에 신경 쓰지 않기 위해 돈을 벌었으며, 세계의 모든 나라, 모든 여자, 모든 사치와 작가로서의 불멸의 명성을 얻기 위해 세계로부터 등을 돌렸다"고 말한다. "나중에 진짜 인생을 살기 위해 밤낮없이 쉬지 않고 기쁨도 없이 일한" 발자크의 삶은 "나는 나 자신의 주인인 동시에 나 자신의 하인이기도 했다"는 그의 고백만으로도 짐작된다.

첫 작품 『크롬웰』의 처절한 실패 이후 익명으로 상업적인 통속소설을 쏟아내기 시작했고, 이후 소설보다는 저널리즘이 돈이 된다고 생각하여 문학판을 떠나 저널리즘에 뛰어들었으며, 인쇄업, 출판업, 활자 주조업 같은 사업에도 손을 대나 실패해 막대한 채무를 진다. 발자크는 자신이 쓴 소설의 주인공인 라스티냑(『사라진 환상』)이나 라파엘(『나귀 가죽』)처럼 '돈과 권력과 명예'를 쥐기 위해 '펜'으로 무장했다. 한 세계와의 전면전을 선포하듯 원하는 것을 얻기 위해 온 에너지를 바쳐 글을 쓰면 쓸수록

273

더 써야만 하는 숙명적인 덫에 빠졌다.

발자크가 자신의 이름으로 발표한 첫 작품, 『올빼미 당원』으로 벌어들인 수입은 겨우 1천 프랑이었다. 이는 가명으로 쓴 통속소설보다 훨씬 적은 수입이었는데, 그는 힘들게 쓴 소설로 그 정도를 벌 바에야 차라리 기사 몇 줄로 돈을 버는 게 낫다고 생각한다. 발자크는 '자객' 기자들이 문단과 언론에 출몰한 것도 다 돈 때문이라고 매섭게 말한다.

발자크는 일단 생계를 위해 작은 신문사라도 들어가 버티면서 언젠가 대단한 시집을 내겠다며 벼르는 젊은 기자들을 '양지바른 곳에 모여드는 각다귀'로 비유한다. 누군가의 아픈 상처를 후벼파듯 그는 적나라하게 그 사람의 미래를 진단한다. '신문 몇 단짜리 글과 시 사이에 엄연한 거리'가 있음을 심각하게 깨닫고 결국 시인이 되는 게 아니라 정부 기관의 공무원이 되거나 자신의 부르주아 근성을 인정하고 부르주아로 산다고 말이다.

당시 서적 출판은 높은 가격에 적은 부수를 찍었기 때문에 아무리 성공한 작가라 해도 출판만으로는 생계를 유지할 수 없었다. 신문사로부터 청탁을 받아 연재소설이라도 실어야 그나마 생계를 유지했다. 프랑스 혁명 이후 비약적으로 고양된 근대적 사상의 취향도 있었고, 산업자본 사회의 도래로 이제 정치적 진보 가치도, 문학도, 예술도 '돈'이 되지 않고는 그 고상한 빛을 잃었다. 7월 혁명 이후, 1840년대의 프랑스 젊은이라면 문학을 통해 재물을 꿈꿀 수 있었고, 실제로 실현하기도 했다. 플로베르는 발자크보다 조금 나중 세대이긴 하지만 누군가에게 이렇게 말하고 있다.

문학으로 말하자면, 문학은 너에게 충분히 재물을 가져다줄 수 있어. 단(여기서 중요한 것은 '단'이야), 조급하고 상업적인 방식으로 일할 때만. 하지만 그러다 보면 조만간에 너의 재능을 잃어버리게 될 거야. 뛰어난 사람들조차도 그런 식으로 사라져갔고 말이지. '예술'은 하나의 호사야. 새하얗고 차분한 손길을 원하는 호사 말이지. 처음에는 아주 작은 양보를 하면 차츰 두 번, 스무 번으로 양보할 일이 늘어나게 되지. 오랫동안 예술의 도덕성에 대한 환상을 갖고 있던 사람조차도 언제 그랬냐는 듯 까맣게 잊어버리고 말 거라고. 그리고 바보가 되지. 완전한 바보가 되거나, 바보 비슷한 사람이 되는 거지.

발자크도 『기자 생리학』에서 별반 다르지 않은 이야기를 한다.

이상한 일이다! 가장 진지한 책과 인내를 가지고, 온밤을 새서, 여러 달에 걸쳐 새기고 다듬은 예술 작품들은 신문사들의 최소한 관심도 얻지 못하고 완전한 침묵에 묻히기 일쑤다. 그런데 최신식 극장의 최신식 통속극이나 몇몇 식사 자리에서 탄생한 버라이어티 쇼에서나 부를 법한 대중가요, 아니면 양말이나 광목을 만들 듯 그야말로 쉽게 만들어지는 요즘 연극은 정기 비평과 분석의 대상이 되다니!

1840년부터 발자크는 상당히 힘든 시기를 보

낸다. 1836년, 창간한 『크로니크 드 파리』의 실패 이후, 새롭게 창간한 『르뷔 파리지엔』까지 바로 종간한 것이다. 집까지 압류당한 그는 높은 언덕으로 이사를 해야 했다(현재 발자크 박물관 '메종 드 발자크'가 위치한 곳이다). 이즈음 평생의 사랑이자 애증의 대상인 한스카 부인의 남편이 사망하자 발자크는 한스카 부인에게 필사적으로 마지막 구애를 한다. 그러나 그는 자신의 사랑을 가혹하게 거절당하는데, 이때 맛본 총체적 좌절로 몇 년 뒤 더욱 강력한 필력을 분출했는지도 모를 일이다. 이후 1842년에 출간된 작품이 바로 『기자 생리학』이다.

　　『기자 생리학』의 원제는 '생리학'이라는 표제를 달고 있지 않다. 그러나 1840년 당시 유행했던 풍자 장르의 비유적 표현인 '생리학' 시리즈처럼 짐짓 순수 과학 연구물 형태를 띠고 있다. 기자와 비평가라는 직업을 가진 인간들을 생물을 관찰하듯 분석하고 연구한 후 일일이 분류하고 체계화하는 것이다. 이 분류법 자체가 풍자적 함의를 담고 있음은 두말할 나위가 없다. 한발 더 나아가 1839년 발자크가 작가회의 의장에 선임되면서 문인들의 저작권에 대한 각성을 촉구한 사정도 있거니와 도입부에 풍자적으로 '위조자들에게 알림'을 삽입하여 현대의 출판물 판권에서 흔히 보는 '무단 전재와 복제를 금함'이라는 경고의 문장을 띄우고 있다. 이것은 실제 판권이 아닌 본문의 내용이다. 그런데 우리는 발자크에게 저작권료 하나 지불하지 않고 이렇게 발자크를 읽고 있는 것이다.

발자크는 우선 문인 종種을 '논객'과 '비평가'로 분류하고 그 하위 종에 신문 기자, 기자 겸 정치인, 팸플릿 작가, 공염불하는 자, 직에 연연하는 자, 하나만 우려먹는 자, 번역 기자, 신념 작가 등을 놓는다. 특히 '신문 기자'의 하위 품종을 다시 세분하여 '편집국장-편집주간-주필-사주' 형, '테너 가수' 형, '전문 기자' 형 '셰프 자크' 형, '도당파' 형으로 나누어 언론의 메커니즘을 일거에 보여준다. 사실상 이 모든 하위 품종들은 발자크 자신이 다 해본 일이다. 『크로니크 드 파리』라는 신문사를 사들여 스스로 신문사 경영인이자 주필, 편집국장까지 도맡았고, 저널리스트라는 이력을 발판삼아 정계 진출을 시도해보지 않은 게 아니며, 볼테르 같은 화력 좋은 팸플릿 작가를 부러워하기도 했다.

발자크가 차라리 18세기에 태어났다면 어땠을까? 볼테르와 발자크는 영혼의 단짝이 되었을까? 특히 '테너 가수'처럼 뛰어난 필력으로 정치 저널리즘의 친면목을 선보이는가 하면, '도당파'처럼 특정 당파를 지지하고 옹호하는 강력한 논지를 펼치기도 했다. 그런데 발자크의 은밀한 자기 고백도 있다. 특정 기관의 '홍보 담당관'처럼 강력한 신념과 열정으로 뜨거운 시사적 논점을 만들어내면서 한 체제를 옹호하는가 하면, '파견 담당관'처럼 일부러 그러는지 정말 몰라서 그러는지 자신의 글쓰기 재능이나 즐기며 기사를 쓸 뿐, 어떨 때는 여당을 칭찬했다가 어떨 때는 야당을 칭찬하는가 하면, 입헌왕정을 옹호하는가 싶다가도 급진공화파적 주장을 하기도 하고, 정통왕조파로 전향하기도 했으니, 실제로 문학 평론가들 사이에서도 발자크의 정치적 성향은 '알 수 없음'이다.

아니면, 발자크가 비아냥대고 있듯 평생 여당 편 아니면 야당 편 사설만 쓰다 생을 마감하는 논설위원이 되기 싫어 그는 1인 2역을 했는지도 모른다. 아침에 '타르틴'에 커피를 마시지 않으면 안 되는 파리 사람들처럼 자기 취향에 맞는 신문만 구독하며 스스로 편향성을 자초하는 강성 구독자들을 거의 편집증 환자로 진단하는 발자크의 지적은 뼈 아프다. 대놓고 '구독'과 '좋아요'를 외치는 자들의 세상에 우리는 살고 있지 않나. 신문 구독과 정치 뉴스 소비가 곧 사상적 각성이라고 믿거나 자유와 정의와 진리를 위해 자신을 희생할 준비가 된 듯 열정적으로 산 19세기 사람들은 아직도 18세기의 잔영 속에 살고 있었는지 모른다. 이미 이런 정치적 신념을 다 잡아먹을 '물신' 사회가 도래했는데 말이다. 발자크 시대가 지나고 훨씬 훗날인 1894년, 19세기 말에 일어난 드레퓌스 사건은 사실상 정치적 논쟁에서 언론의 매개로 여론이 공론화되고, 가열된 여론 전쟁으로 가히 집단 히스테리에 가까운 열병과도 같았기 때문이다.

발자크가 두 번째 종 '비평가'에서 따로 분류하여 소개하는 군소 신문 기자들에 관한 몇몇 페이지들은 이미 시대를 전조했기에 특히 주목할 만하다. 발자크는 이들을 '자객' '허풍꾼' '낚시꾼' 등으로 지칭하며 조롱하고 있지만, 사실상 이런 군소 신문사들의 대단한 활약으로 프랑스는 1881년 7월 29일에 표현의 자유에 관한 법률이 제정되어 수많은 언론을 탄생시켰다. 프랑스인 특유의 풍자와 독설 기질은 19세기 말에 유감없이 발휘되는데, 당대 최고의 풍자 화가였던 앙드레 질은 "나는 내 욕망대로 농담하고 허풍 떨 것이다. 어떤 당파에도 어떤 파벌에도 속하지 않고 어떤 장관직도 어떤 의원직도 열망하지 않고 그저 현세의 웃기고 조잡한 일들을 실컷 웃어주며 나 자신을 즐길 것"이라고 당당히 선언한다.

19세기 후반 프랑스 사회는 다시 보불전쟁과 파리 코뮌에 이르는 격동의 시대였고, 온갖 이해관계와 신념이 상충하고 상생했다. 한 사회의 구성원들이 극렬히 양분될 때는 그 사회가 새로운 패러다

임으로 이동하는 전환기일 때가 많다. 훨씬 세월이
흘러 거리를 두고 객관적이고 총체적으로 보면 하
나의 생리이며 섭리처럼 파악되기도 한다. 19세기
말 미국 주재 프랑스 대사를 지냈고, 국회의원이기
도 했던 앙리 베랑제는 당시 신문에 미쳐 있는 파리
시민들의 풍경을 이렇게 묘사한다.

남녀노소, 상하층 가릴 것 없이 매일 적어도 한 개
그리고 종종 두 개나 심지어 서너 개씩 신문을 읽
기도 한다. 혼자 있는 사람에게 신문은 말동무이자
친구를 대신한다. 아침 식사 시간이나 잠자리에서
도 신문을 읽는다. 가족과 함께 있거나, 카페나 사
교모임처럼 사람이 모이는 곳이면 어디에서든지
신문은 빼놓을 수 없는 화젯거리를 제공하기 때문
이다. 누구도 신문의 영향력에서 벗어나지 못한다.
신문은 마치 먼지나 바람처럼 꼭꼭 닫힌 사람들의
마음속까지 스며들며 그 누구도 자유로울 수 없는
사회적 분위기를 조성하기 때문이다.

1898년 7월 10일자 『르 프티 주르날』 제1면에 실린 풍자화는 당시 프랑스 언론이 프랑스 사회에서 어떤 표상을 지녔는지를 단적으로 보여주는 그림이다. 어느 학교의 교실을 묘사하고 있는데, 삼색기 휘장을 가슴에 두르고 공화국을 상징하는 빨간 모자를 쓴 여자 선생님이 교탁에 서서 서로 육탄전을 벌이며 드잡이를 하는 학생들을 손가락으로 가리키며 이렇게 소리 지른다. "계속 이렇게 싸우면 다 문밖으로 쫓아낸다!" 그러나 학생들은 선생님 말씀에 아랑곳하지 않는다.

『기자 생리학』의 후반부 '비평가' 종에서 발자크는 상당히 많은 문예 비평을 직접 인용하고 예시한다. 발자크 특유의 반어법이 농후해 단박에 이해되지 않을 수 있으나 서서서 그 함의를 짐작한 자들은 자기가 아는 누군가를 떠올리며 노란 미소를 지을지도 모른다. 발자크가 싫어하는 비평가 유형은 가령, 1) 위선과 가식으로 학자연하는 자다. 2) 장점을 보고도 시샘하여 그 장점을 깎아내리는 자다. 3) 너무나 진지하게 분석하여 시시콜콜 따지고 드는 통에 사람을 질리게 하는 자다. 4) 일종의 젊은 치기로 일단 다 '까는' 자다. 5) 아는 게 너무 많아, 아니면 보는 눈이 너무 높아 웬만해서는 대단한 작품이라 평가하지 않는 자다. 그런데 발자크가 특히 안타깝게 보는 비평가 부류는 젊은 혈기로 매사에 조롱과 악평을 일삼는 자들인데, 이것이 아예 습관이 되어 진짜 문학을 보는 눈과 감각을 잃어버린 자들이다.

이 책을 읽는 자 중에 혹여 비평가 또는 논문 심사자, 아니 여타의 심사위원이 계신다면, 발자크가 분류한 유형 중에 당신은 적어도 하나, 아니 많게는 여러 개에 들어가 있을지도 모른다. 그날 하루의 당신 피로감에 따라 괜히 트집을 잡는가 하면, 시샘과 질투와 속 좁음으로 그 누군가가 밤새워 쓴 글의 주요 장점에는 눈감고, 부차적이고 지엽적인, 아니 말엽적인 단점만을 부각해(가령, 각주 위치가 잘못되었음!) 사형 선고를 내리는 집행관은 되지 마시기를.

발터 벤야민은 비평가의 기법에 대한 13가지 명제를 작성한 바 있는데, 이렇게도 말하고 있다.

논쟁(혹평, polemik)이란 한 권의 책을 그 책에 들어 있는 몇 개의 문장을 가지고 처치해버리는 것을 뜻한다. 그 책을 적게 연구할수록 그만큼 더 좋다. 파괴할 줄 아는 자만이 비평할 능력이 있다.

기자 생리학

Monographie de
la Presse Parisienne

초판 1쇄 발행   2021년 1월 7일

지은이   오노레 드 발자크
옮긴이   류재화
펴낸이   최용범

편집   윤소진, 박호진
디자인   김태호
관리   강은선
마케팅   김학래
인쇄   (주)다온피앤피

펴낸곳   페이퍼로드
            paperroad
출판등록   제10-2427호(2002년 8월 7일)
주소   서울시 동작구 보라매로5가길 7 1322호
이메일   book@paperroad.net
페이스북   www.facebook.com/paperroadbook
전화   (02)326-0328
팩스   (02)335-0334
ISBN   979-11-90475-36-5 (03300)

• 이 책은 저작권법에 따라 보호받는 저작물이므로 무단 전재와 무단 복제를 금합니다.
• 잘못 만들어진 책은 구입하신 서점에서 교환해드립니다.
• 책값은 뒤표지에 있습니다.